L'ART NÈGRE

ET

L'ART OCÉANIEN

H. CLOUZOT ET A. LEVEL

L'ART NÈGRE

ET

L'ART OCÉANIEN

40 PLANCHES HORS TEXTE

DEVAMBEZ, Éditeur
43, BOULEVARD MALESHERBES, 43
PARIS

AVANT-PROPOS

L'art des peuplades sauvages n'a guère relevé, pendant long-temps, que de l'ethnographie pour laquelle il était un acci-dent, en marge de la religion et des mœurs. Pourtant, il fait tellement corps avec les objets usuels de chaque peuplade que cette science, sans s'y attacher spécialement, se trouve avoir amassé nombre de documents à son endroit. Malheureusement c'est une branche de connaissances tardive, datant à peine de quelques dizaines d'années, et la somme des pièces qu'elle a conservées est peu de chose à côté du gaspillage auquel elle a assisté dans ses débuts. Peut-on faire grief aux explorateurs de ne pas se montrer toujours d'artistes collectionneurs, alors qu'ils ont tant d'autres qualités — diplomatiques, militaires, économiques — à déployer ? D'ailleurs les figures, qu'elles soient en bois, ivoire, os, pierre ou métal, étant généralement du domaine religieux, c'est-à-dire sacrées, *tabou*, il pouvait être dangereux d'en essayer la conquête. D'autre part, le zèle con-vertisseur des missionnaires a dû, là comme ailleurs et à toutes les époques, être logiquement iconoclaste, jusqu'au jour où il a pu laisser place à des préoccupations de collectionneurs. Enfin, le bois, matière le plus usuellement employée de beaucoup, n'est point toujours de nature à fournir une longue carrière.

Il en résulte, comme aussi de l'absence de traditions écrites, que, si l'on peut situer le lieu d'origine, il est bien difficile et incertain, le plus souvent, d'assigner une date aux armes, objets usuels et idoles qui ont été conservés. Certaines représentations indigènes des Européens colonisateurs permettent cependant, par les traits, les attributs et le costume, de déterminer leur époque, généralement le XVIᵉ ou le XVIIᵉ siècle. En dehors de ce cas spécial et peut-être de quelques données historiques, on est réduit aux conjectures et à une vague intuition. A quelle époque remonte et par quels degrés a passé la formation des types dont nous ne connaissons que la répétition stylisée et vraisemblablement, comme il est de règle, diminuée d'intensité et de vie? S'agit-il de millénaires ou de siècles? C'est là ce qu'on ne saurait guère déterminer, à moins qu'un jour ne le permettent les trouvailles des préhistoriens, dont le domaine s'étend sans cesse et dont les découvertes ont mis au jour un art avec lequel l'art sauvage présente tant d'analogies.

Sans doute, comme au moyen âge, l'esprit religieux de la race a inspiré, dans un sens rituel et traditionnel, chaque artiste et constitué ainsi un art plus collectif qu'individuel, sans contradicteurs ni dissidents, où toute la tribu collaborait, en quelque sorte, avec l'artisan.

Ce qui est certain, c'est que chez toutes les peuplades sauvages, comme d'ailleurs chez les peuples d'ancienne civilisation, l'implantation de l'Européen a amené une rupture de la chaîne des traditions et tari les sources de l'art indigène.

Dans ce qui nous est resté d'ancien, antérieurement à cette intrusion, on reconnaît certains caractères communs avec des œuvres relevant de la préhistoire ou remontant aux premiers âges des civilisations égyptienne, grecque, hindoue, chinoise, notamment l'emploi des lignes géométriques et les simplifications. Descendance, infiltration ou génération spontanée? L'une ou l'autre de ces causes peut être alléguée suivant les cas. Mais il faut entendre ces lignes et simplifications telles que les conçoivent les premiers artisans de toutes les époques et de tous les pays, totalement différentes dans leur principe de celles auxquelles aboutissent, en fermant l'éternel cercle humain, les artistes des civilisations avancées. Pendant le premier stade, le fleuve à faible débit sort de sa source; dans le dernier, arrivé près de l'estuaire, ses riverains voudraient le faire remonter à sa source pour voir clair dans ses eaux.

Si l'ethnographie est une science jeune, la découverte d'un art sauvage et son étude sont plus récentes encore. Les premiers amateurs collectionnaient surtout les armes, — massues, lances et flèches, — dont ils composaient des panoplies; les idoles et les fétiches devaient, en général, les faire sourire. Ce fut, en partie, le mérite de quelques artistes modernes (1) de découvrir l'intérêt, au point de vue de l'art, de ces figures, auxquelles la science ethnographique avait cependant déjà fait place dans ses collections. Le British Museum, comme il est naturel, offre, malgré maintes lacunes qu'il avoue, un ensemble imposant. Des musées belges, allemands, suisses contiennent des séries, comme celle du Congo à Tervueren près de Bruxelles, ou des pièces intéressantes, comme à Neuchâtel, Genève, Berne et surtout Bâle.

(1) Le premier en date est sans doute Derain. Citons encore, parmi les promoteurs, Matisse, Picasso. Vlaminck.

Il n'est pas interdit de regretter que la France, qui devrait, par l'ancienneté et le nombre de ses colonies en pays sauvages, pouvoir presque dépasser l'Angleterre, ne possède pas, au musée d'ethnographie du Trocadéro, assez bien pourvu en ce qui concerne l'Océanie, des séries de pièces africaines de bonne époque plus complètes qu'elles ne sont. C'est chez quelques amateurs, artistes et marchands (1), que des pièces complémentaires peuvent être rencontrées et étudiées, bien qu'avant la guerre ils aient eu à subir la concurrence redoutable des musées et des collectionneurs allemands.

En somme, il va de soi que le musée anglais est surtout riche en collections provenant des colonies anglaises, le musée et les amateurs français plus spécialement pourvus des provenances de nos colonies.

La situation actuelle rend particulièrement difficile toute recherche en dehors de France. Elle limite ainsi, par contre, le nombre des spécimens à étudier, s'il n'en résulte peut-être pas plus tard une révision, dans leurs grandes lignes, de nos conclusions.

En dehors du guide raisonné et illustré aux collections ethnographiques du British Museum, publié sous la direction de M. Charles H. Read, il n'existait récemment sur l'art sauvage, à l'exception d'un livre allemand de métaphysique transcendantale, que des ouvrages circonscrits à une contrée ou à une catégorie d'objets, tels que deux études anglaises sur le Bénin, célèbre par l'art du métal. (Il est à noter que l'art du Bénin, par sa douceur, son fini et sa délicatesse, est le plus assimi-

(1) Nous devons à l'un de ceux-ci, M. Heymann, maints renseignements documentaires.

lable au début pour un Européen.) Cependant, il a paru, en 1916, à New-York, une étude de M. de Zayas. contenant d'intéressantes considérations sur la mentalité et l'esthétique des nègres, et il a été publié, en 1917, par M. Paul Guillaume, un bel album de reproductions de sculptures nègres, préfacé par Guillaume Apollinaire.

Une histoire générale de l'art sauvage est-elle possible? Nous avons reconnu les difficultés d'en recueillir désormais les éléments. Il faudrait une fortune et plus qu'une vie humaine pour réaliser une telle œuvre. Bien des gens, au surplus, s'étonneraient qu'on pût concevoir un pareil projet et le jugeraient futile ou risible. Notre propos délibéré est de les détromper, même avec le peu d'éléments dont nous disposons et l'imperfection d'une documentation que ne rachètera pas peut-être suffisamment un goût très vif pour cet art.

Cependant notre intention n'est pas de tenter un essai de cette histoire générale, que nous appelons de tous nos vœux et dont nous voudrions suggérer l'entreprise, si l'on pouvait trouver un émule de Déchelette, capable de faire pour l'art sauvage ce que cet admirable érudit, digne de tous les regrets, a su réaliser dans le domaine de la préhistoire. Nous n'avons pas non plus pour objet de doubler l'excellent manuel, amplement suffisant pour longtemps, que constitue le *Handbook* du British Museum. Mais il nous plaît d'essayer de formuler les données les plus significatives de l'art sauvage, d'en définir les courants, d'élire, à nos risques et périls, et d'étudier les œuvres qui nous paraissent les plus marquantes et les plus achevées.

L'art des peuplades sauvages se divise en trois branches : américaine, océanienne, africaine.

L'art des indigènes de la côte ouest de l'Amérique du Nord ou des îles avoisinantes dérive quelque peu de l'Océanie. Celui des Peaux-Rouges se manifeste, principalement, par la peinture sur étoffe, cuir, vannerie et poterie. L'art des autochtones de ce continent est, en somme, malaisé à étudier sur le nôtre ou, comme il en est des arts aztèque et toltèque, relève d'une sorte de civilisation particulière et se trouve depuis longtemps connu et catalogué.

L'objet relativement plus inédit de notre étude sera l'art de l'Océanie et celui de l'Afrique, aussi différents l'un de l'autre, il y a lieu de le noter, que peuvent l'être deux conceptions presque également primitives. La dissemblance de leurs caractères spécifiques apparaîtra nettement, petit à petit, au cours de cette étude. Notons encore que, sauf aux époques préhistoriques, qui ne seront point directement de notre ressort, le dessin et la peinture n'existent pas séparés de l'objet sculpté ou modelé, ou du corps humain tatoué.

31 mai 1919.

PREMIÈRE PARTIE

ART OCÉANIEN

Les collections d'art océanien sont naturellement plus anciennes que celles d'objets africains, l'archipel du Pacifique ayant eu la visite des navigateurs avant que le continent noir ait reçu, d'une manière suivie, celle autrement ardue des explorateurs terriens.

La science ethnographique semble admettre que les migrations océaniennes se sont accomplies de l'ouest à l'est, venant d'Asie ou même ayant traversé ce continent. Il n'est donc pas surprenant que les îles de l'Ouest, avoisinant l'Asie, aient reflété davantage ses influences.

Les *Iles de la Sonde*, zone intermédiaire entre deux parties du monde, présentent un embryon, ou plutôt une dérivation de civilisation procédant de celle de l'Indo-Chine. L'arme nettement originale, le kriss malais, est une cristallisation de l'art indigène, qui s'est appliqué à orner la poignée, en épousant une forme qui la conserve toujours bien en main. Jamais d'ailleurs l'art sauvage ne sera pris en défaut, n'étant jamais l'antagoniste de l'utilité, mais son adjuvant et ayant pour objet rituel de l'assurer. Si l'art pour l'art est inconnu, la valeur d'art n'en est pas amoindrie, tout au contraire. La poignée du kriss, souvent une figurine, image d'un dieu, toujours le même sous ses variations décoratives multiples, conduit naturellement et dirige surnaturellement la main, toutes forces unies, car l'homme asservit tout à son intérêt. Des collections se sont formées en Allemagne de cette poignée magique. Nous en donnons deux beaux exemplaires en ébène (Pl. I) : l'un, sobre de lignes ; l'autre, plus poussé à l'effet décoratif. Le genre de torsion du cou, qui commande la position des doigts, ne se retrouve nulle part ailleurs, à notre connaissance, non plus que l'expression, à la fois aiguë et sournoise, de cette petite figure, dont les beaux exemplaires impliquent une virtuosité, une décision remarquables. La lame sinueuse, où l'économie de matière et la légèreté qui en résulte ne diminue pas la largeur de la blessure qu'elle peut faire, est caractéristique de finesse. Elle n'est pas toutefois sans rapport avec certaines armes de l'âge du bronze, telles que le poignard, d'une sinuosité de même ordre (1), trouvé dans un tumulus de Kerhué-Bras (Finistère). L'origine commune serait-elle, aux temps préhistoriques, la Scandinavie, le Caucase ou l'Inde, d'où serait parti, vers l'Ouest et vers l'Est, un double essaim ? Ou bien y aurait-il eu, en deux parties du monde, antipodes l'une de l'autre, deux conceptions, sinon simultanées, du moins spontanées ? Nous serons amenés plus d'une fois à poser de semblables points d'interrogation.

Une autre figure essentiellement javanaise, souvent en cuir incisé et peint, est la marionnette de théâtre d'ombres, au nez pointu et aux bras anguleux, représentant, comme dans la

---

(1) DÉCHELETTE. *Manuel d'archéologie préhistorique* (Age du bronze). II, p. 190.

comédie italienne, quelques types stylisés et connus du public depuis toujours.

Quant aux sculptures en lave basaltique ou en calcaire que possède le musée du Trocadéro et qui proviennent de temples de Java, elles s'inspirent nettement de l'art indo-chinois et se rattachent à une époque où une civilisation et un grand art fleurirent dans l'archipel de la Sonde.

Géographiquement. nous aurions dû mentionner, avant les îles de la Sonde, les deux groupes *Andaman* et *Nicobar*, essaim d'îlots parallèles à la presqu'île de Malacca et rejoignant une pointe de l'Indo-Chine à l'extrémité ouest de Sumatra. Leur petitesse sans doute et le nombre réduit de leurs habitants ont contribué à maintenir ou à amener ceux-ci à un stage de culture vraiment primitif. Mais si l'on en juge par le fétiche de bois du British Museum (Pl. II) dont le visage effrayant et effrayé et le geste du bras pour repousser les mauvais esprits souterrains sont saisissants de vigueur et de vie horrible (1), l'art des îles Nicobar doit à sa sauvagerie de ne rien devoir à personne et c'est là le commencement de notre domaine.

Nous y entrons de plain-pied, en ce domaine, au sortir des îles de la Sonde, à travers Célèbes et Moluques, en *Nouvelle-Guinée*, la plus grande des îles océaniennes puisque l'Australie est un continent. Arène de races indigènes diverses où domine l'élément papou et gardant un centre d'autant moins facilement exploré que les mœurs y sont encore cannibales, la Nouvelle-

---

(1) L'ignorance du modelé et la volonté ardente de conjurer le sort se sont réunies pour tendre et allonger ce bras d'une seule venue, dont l'expression dépasse en netteté et intensité tout ce que nous connaissons. — Nous devons la communication de cette planche et de plusieurs autres à la courtoisie de M. Charles H. Read. conservateur des collections ethnographiques du British Museum.

Guinée, quoique partagée naguère entre la Hollande, la Grande-Bretagne et l'Allemagne, est néanmoins assez bien représentée au musée du Trocadéro par de nombreux et anciens spécimens de son art, grâce à un don du prince Roland Bonaparte, acquis d'une source hollandaise. Parmi diverses autres pièces curieuses ou pittoresques, une figurine sculptée, projetant devant elle une tête qui surmonte ou qu'étaie le motif décoratif varié d'une sorte de chevalet, y est répétée à multiples exemplaires, dont nous donnons (Pl. III) un modèle analogue, mais légèrement différent de ceux du musée. La légende, la signification de cette tête singulière nous sont inconnues.

Il est plus facile de prêter un sens totémique aux nombreux masques dont le nez évoque avec variations, mais avec persistance, le bec de l'oiseau (Pl. IV). L'oiseau peut être considéré comme l'ancêtre protecteur d'une ou de plusieurs tribus et en est ainsi la marque, l'insigne, le totem, à l'instar des armes parlantes dans les blasons. Un sens religieux et magique y est sans doute attaché, en vertu duquel les initiés ou les croyants se sont appliqués à le reproduire, en y consacrant une adresse manuelle estimable et une imagination assez abondante dans le détail.

Le British Museum possède plusieurs masques très différents de ceux-ci et présentant des traits fort stylisés. L'un d'eux fait penser à un masque antique de théâtre. Leur pays d'origine est sans doute la région britannique de la Nouvelle-Guinée.

Parmi les objets usuels de cette grande île, le couteau à bétel en ébène a donné matière à de délicats motifs décoratifs où revient le plus souvent une tête de serpent artistement stylisée, accompagnée d'un décor en arabesques. Dans d'autres spécimens plus élancés et dont la ligne est particulièrement élégante, le manche est formé par une figurine dérivant de celle décrite plus haut, avec un rappel de la tête de serpent sur l'arête médiane du couteau, avant l'élargissement de la spatule.

Le nom de Nouvelle-Guinée fait naturellement songer à la Guinée africaine et si les nègres qui la peuplent en grande partie ne proviennent pas directement et authentiquement de cette dernière, ils présentent tout au moins des affinités de race. Leur art nous semble aussi présenter plus de parenté que l'art polynésien avec l'Afrique. Au demeurant, c'est l'influence malaise qui est prédominante.

Dans l'archipel qui borde la côte septentrionale et l'est de la Nouvelle-Guinée, un beau masque répète peut-être aussi, en l'interprétant d'autre manière, le totem de l'oiseau. Type souvent d'un grand effet décoratif, aux yeux glauques, à la chevelure de plumes, au nez busqué comme un bec, à la bouche stylisée et géométrique (Pl. V). Nous le reproduisons d'après le British Museum.

Quant au continent australien, il semble avoir ignoré toute espèce d'art. La race qui s'y meurt, une des plus inférieures des races humaines, paraît avoir épuisé toute la veine de son médiocre génie par l'unique création de son arme de jet, l'extraordinaire boomerang.

La course vers l'est, en suivant la route par laquelle semble bien s'être effectué le dernier peuplement des îles océaniennes, nous amène, en laissant loin au sud la Nouvelle-Zélande, à la dernière grande île, avant les îlots polynésiens dont la petitesse et la multiplication tracent sur la carte comme une voie lactée. La *Nouvelle-Calédonie* est ainsi aux confins de la Mélanésie et de la Polynésie. Quelques-uns de ses indigènes ont dans leurs veines un peu du sang noble polynésien.

La richesse du musée du Trocadéro en objets provenant de cette possession française permet de bien juger son art. Des poteaux de case, hauts d'un mètre et demi à deux mètres, et des sommets de case présentent une figure de dieu ou de génie ayant, conformément aux idées primitives, la fonction d'écarter les mauvais esprits. Parmi les productions de l'art sauvage, elle marque tout d'abord par ses dimensions, en rapport avec l'ampleur de ses lignes et la manière large dont elle est traitée (Pl. VI et VII). Lorsque ces figures sculptées, déjà anciennes, se groupaient au-dessus des cases, dans le décor naturel où cette architecture avait été conçue, l'effet devait être impressionnant. Et combien plus encore, lorsqu'aux cérémonies les officiants s'appliquaient les grands masques barbus d'où pendaient des vêtements de plumes!

De deux types, ces masques.

L'un, de grandes dimensions (Pl. VIII), en bois dur, polichinelle à la fois formidable et comique avec ses yeux proéminents, son nez énorme et le grand arc de sa bouche aux coins relevés laissant voir la denture. Le plus souvent, le nez gigantesque, percé à jour et détaché de la lèvre dans le bas, a quelque apparence d'un bec et évoque le totem de l'oiseau.

L'autre, de proportions humaines, ne dépassant pas celles de l'enfant, pour notre exemplaire (Pl. IX) en bois léger rappelant le sureau, s'apparente aux têtes des poteaux de case. Le nez busqué, là encore, fait vaguement songer à un bec. L'arc des sourcils s'oppose à celui du menton en lignes arrêtées, violentes et géométriques, comme le sont aussi celles des saillants des joues, aux coins de la bouche.

Les vitrines du Trocadéro offrent une nombreuse et intéressante variété d'anciens exemplaires de ces deux beaux masques, témoignages d'un art plein de force et de grandeur.

Les *Nouvelles-Hébrides* ont également produit des poteaux de case d'amples dimensions, d'un style plus rudimentaire peut-être que l'art calédonien, mais non moins impressionnant (Pl. X). L'emploi de racines de fougère arborescente, c'est-à-dire d'un bois ramifié et poilu, entraînait à des œuvres de grande taille et de grandes lignes. Des tam-tams en tronc d'arbre évidé, ornés de dessins géométriques, et sculptés, aux deux tiers de leur hauteur, d'une énorme face, parente de celles des poteaux de case, atteignent facilement une hauteur de trois mètres.

Il est à noter que chaque île, pour ainsi dire, ou chaque groupe océanien, a son type propre de dieu ou de génie ancestral. Mais cette étude n'est pas un répertoire. Outre les lacunes documentaires forcées, une volonté de sélection amène à négliger d'intéressantes manifestations d'art pour s'en tenir aux plus significatives.

Aussi franchirons-nous, toujours vers l'est, de grands espaces, pour aborder l'archipel des *Iles Marquises* qui forme une des limites de la Polynésie. Le dernier essaim qui l'a peuplé a fait un long périple pour trouver sa demeure. Ceux qui le composaient ont-ils dû franchir des espaces déjà colonisés par les premiers arrivants de l'invasion polynésienne, ou étaient-ils de ces aventureux qui veulent aller toujours plus loin et poussent ainsi spontanément jusqu'aux extrêmes bornes? C'est à eux, en tout cas, que s'applique cette description de Cook dans le récit de son voyage de 1774 aux îles Marquises : « Les habitants sont la plus belle race d'hommes de cette mer : les femmes et les enfants ont le teint aussi blanc que celui des Européens. »

En s'établissant aux confins de cet immense domaine maritime, ils ont subi peut-être surtout l'attrait (1) de cette mer infinie, dont les courants sont les chemins entre les terres minuscules qu'elle laisse émerger, qui développa leur instinct de navigateurs et leur donna leurs dieux. Le grand dieu polynésien, Tangaroa, dieu de la mer (2), est le créateur des dieux et des hommes. Le Tiki des îles Marquises est le dieu de la pêche. C'est un Triton.

Le curieux génie plastique de ces insulaires, comme épris d'abstraction et d'une sorte d'absolu, a tendu à donner des formes géométriques à leur dieu familier. Cependant, parmi les nombreux exemplaires que nous connaissons, un des plus anciens (Pl. XI) évoquerait quelque apparence d'un dauphin stylisé, en raison non seulement des larges yeux ronds, propres à tous les Tikis, mais plus spécialement des

1) L'amour des Wallisiens et des Futuniens pour les voyages est tel que le père abandonne femme et enfants pour aller voir du pays. .....C'est là peut-être « le secret des migrations ténébreuses qui peuplèrent l'Océanie, car les premiers Polynésiens qui se lancèrent aveuglément dans l'immense étendue déserte ne savaient ni où ils allaient, ni quand ils reviendraient. N'est-ce pas là, d'ailleurs, le mystère de la diffusion des espèces humaines à travers le monde? » — Citations de la *Dépêche Coloniale illustrée*, n° du 15 août 1904, p. 199, et de la *Revue Hebdomadaire*, du 30 août 1913, p. 677, recueillies par Mgr Blanc, vicaire apostolique de l'Océanie centrale, dans son ouvrage *Les Iles Wallis*, 1914.

2) *Le Monde Polynésien* d'Henri MAGER, p. 21. — *Handbook* du British Museum, p. 159.

volutes aux puissants volumes que décrivent les jambes accolées, peut-être dérivées d'une queue pisciforme. Il se pourrait que la stylisation géométrique ne fût intervenue que progressivement. La pièce dont il s'agit forme, liée à un long bambou, le support de pied d'une échasse. Le dieu assurait la marche du fidèle, comme la tête de Gorgone, décorant la genouillère, protégeait le guerrier antique.

Le Tiki a mis partout son effigie aux îles Marquises. A la proue de la barque, comme patron du pêcheur, sur la pagaie, sur le chasse-mouches, sur le bâton du chef et celui du pèlerin. Finement taillé en ivoire, le Tiki est encore un minuscule ornement en saillie sur le disque d'oreille. Sculpté dans un os, que des mèches de cheveux traversent et suspendent, c'est un bijou pectoral, comme « la croix de ma mère » (Pl. XII). L'allure des mains et les doigts allongés de celui qui est représenté au haut de cette planche font songer à une réminiscence du Bouddha qu'un lointain ancêtre du ciseleur aurait contemplé.

L'idole debout de la planche XIII se signale par une face ornée de motifs décoratifs : les jambes, où se font sentir encore les volutes, sont devenues presque carrées et géométriques.

C'est ici l'occasion d'indiquer comment la pensée des sculpteurs primitifs qui ont conçu, ouvré, transmis à leurs disciples cette divinité aux formes angulaires a traversé le temps et l'espace pour venir servir d'excitatrice aux plus modernes, aux mieux doués peut-être, aux plus aigus de nos artistes contemporains.

Celui dont les recherches patientes de plusieurs années ont créé le cubisme et qui, en profondeur et dans toutes les directions, a mené le plus loin ce mouvement, comme il est naturel et constant en art, où l'inventeur exploite, mieux que ne le ferait tout autre, les moyens que son tempérament, son génie lui a inspirés. Picasso, malgré sa jeunesse, est un fidèle déjà ancien du Tiki. Il a trouvé dans l'art océanien, comme dans l'art africain, des notions dont les indigènes qui les ont découvertes n'ont fait qu'une application restreinte. Alors que, dans une longue suite de siècles, l'Égypte et la Grèce ont poussé jusqu'à leur décadence toutes les conséquences des principes que leurs premiers artistes avaient posés, les primitifs polynésiens n'ont donné que quelques fruits savoureux. La mort rapide de leur art a prévenu, en partie, sa déchéance. Mais sur le sauvageon brisé qui portait encore des bourgeons, il a pu être prélevé une greffe capable de redonner quelque verdeur au vieil arbre européen. Il y avait là d'ailleurs, pour les artistes modernes que nous avons en vue, non une besogne de copie ou d'imitation à accomplir, mais des éléments à recueillir que leur génie propre a aussitôt transformés en les mettant en œuvre.

Au surplus, ces recherches de plans et de lignes, ce goût de la ligne droite sont des traits communs aux primitifs de tous les temps et de tous les pays.

L'observation en a été faite, en ce qui concerne les Grecs, par M. E. Pottier (1), avec un sens critique aiguisé et un rare bonheur d'expression : « ... la ligne droite, les longs traits d'une seule volée, lancés d'un coup de pinceau admirablement ferme et sûr, sont un tour de force où se joue l'habileté des artistes athéniens. Quand ces traits se multiplient et se pressent les uns contre les autres pour rendre les plis tombants d'une

(1) POTTIER (E.). *Catalogue des vases antiques de terre cuite du musée du Louvre.* p. 22.

draperie, c'est un plaisir exquis de voir avec quelle adresse le dessinateur a observé le parallélisme des lignes, sans un repentir, sans une bavure maladroite... Partout où le profil d'un visage, la tension d'une jambe, les doigts étendus d'une main ont permis de donner essor à ce jeu du pinceau en ligne droite, on voit que le peintre s'y est livré avec une prédilection singulière... Tout le système de décoration géométrique, tout l'art dorien, repose sur la prédominance du rectiligne. » L'architecture essentiellement rectiligne des Grecs a eu pour objet de charmer l'œil par la perspective de lignes absolument droites (1).

Ce que M. Pottier a relevé dans les origines de l'art grec préexistait dans l'art égyptien et se rencontre dans la plupart des œuvres primitives.

Nous est-il permis de rechercher, après l'érudit conservateur du Louvre, d'où vient ce charme indéniable des lignes droites et de leur répétition systématique? Ne serait-ce pas qu'elles sont la marque du travail humain? Dans la nature, les lignes droites ne sont que l'effet du hasard. L'homme en les traçant formule son besoin d'ordre, de symétrie, de régularité, son emprise dans le domaine matériel. Il impose à la nature sa

(1) Puisque nous sommes chez les Grecs, nous ne résistons pas à l'envie de citer un passage d'un dialogue de Platon, *Philèbe ou du Plaisir*, mis par l'un de nous dans la circulation et qui a fait le tour des chapelles cubistes, justifiées ainsi deux mille ans à l'avance par le philosophe antique : Socrate... « Par la beauté des figures, je n'ai point en vue ce que la plupart pourraient s'imaginer, par exemple, de beaux corps ou de belles peintures ; mais je parle de ce qui est droit et circulaire et des ouvrages de ce genre, plans et solides, travaillés au tour, ainsi que des ouvrages faits à la règle et à l'équerre, si tu conçois ma pensée. Car je soutiens que ces figures ne sont point, comme les autres, belles par comparaison, mais qu'elles sont toujours belles en soi de leur nature, qu'elles procurent de certains plaisirs qui leur sont propres et n'ont rien de commun avec les plaisirs produits par le chatouillement. J'en dis autant des belles couleurs qui ont une beauté du même genre et des plaisirs qui leur sont affectés. »

marque personnelle et y trouve un plaisir d'orgueil, d'où dérive une satisfaction sensorielle.

La répétition des lignes droites en art plastique plaît comme l'allitération dans un beau vers. Une revue, la manœuvre impeccable d'une unité militaire, cent bras et jambes qui se profilent dans un même mouvement satisfont le public le moins éduqué comme l'œil le plus artiste. Et nous revenons ainsi à nos humbles sauvages, objet de notre étude, chez qui l'emploi des lignes géométriques procède encore à coup sûr du goût de garnir, d'ornementer les surfaces lisses, qui a trouvé sa première expression dans le tatouage, si répandu chez les populations primitives.

Nous arrivons maintenant à *Hawaï*, à l'extrémité nord-est de la Polynésie. Ce groupe, anciennement connu sous le nom d'*Iles Sandwich*, offre à nos yeux une petite collection de monstres assez caractérisée.

Celui de la planche III est d'aspect plutôt bourgeois, avec une sorte de faux col, qui n'est certes pas un accessoire de lingerie, mais un motif, une expression plastique. Cet exemplaire est taillé dans un bois pesant et dur, une sorte de buis, dont le poli semble un vernis. Une lithographie en couleurs du début du XIX° siècle, illustrant un récit d'exploration de l'époque, reproduit ce type avec une fidélité frappante.

Mais Hawaï a engendré des monstres, sinon plus curieux, du moins de plus d'envergure : dragons chinois ensauvagés, effigies qui nous paraissent souvent plus lourdes qu'effrayantes. A noter un dieu ou génie coiffé d'un casque de modèle grec, bizarre coïncidence (1). Hawaï, d'ailleurs, plus peut-être

1 *Handbook* du British Museum, fig. 36.

qu'aucun autre groupe polynésien, dénonce la parenté asia-
tique. Son art rappelle que l'Asie est le domaine du monstre
aux formes innombrables, indéfiniment ressassées, qui a servi
de support à presque tous les motifs décoratifs de cet immense
continent, d'où il est venu impressionner à peu près tout
l'art océanien. En Nouvelle-Guinée, dans l'archipel voisin, en
Nouvelle-Calédonie, aux Nouvelles-Hébrides, partout ou à peu
près, le monstre sculpté grimace et cherche à effrayer le
monstre irréel issu de l'imagination des naturels. Le Tiki mar-
quisien, plus serein et plus calme, est un monstre du domaine
géométrique.

La *Nouvelle-Zélande* n'a pas dérogé à la loi du monstre.
L'art de cette grande île est moins sculptural, toutefois, que
décoratif, et son thème favori est l'arabesque. Poutres, portes,
fenêtres présentent d'interminables spirales finement entrela-
cées et encadrant des figures admirablement agrémentées elles-
mêmes d'arabesques. Art avant tout décoratif, tatouage des
maisons et des objets usuels, imitant et prolongeant celui,
également parfait, qu'offrent les corps des naturels.

Nulle part peut-être en Océanie la virtuosité du décor n'a
été poussée plus loin. C'est une débauche d'entrelacs et de
spirales, impeccables de dessin, mais un peu monotones à force
de répétition. De quelle contrée lointaine les Maoris conqué-
rants ont-ils apporté les traditions de leur art? D'Asie, probablement. Leur Tiki de jade a cette torsion caractéristique du cou
que nous avons relevée dans les poignées de kriss des îles de la
Sonde, et leur débauche de décor les apparente plus encore à
l'Indo-Chine. Remarque troublante : la grammaire décorative la
plus rapprochée de celle des Maoris, c'est aux antipodes qu'il la

faut chercher. Les ornements de certaines châsses irlandaises rappellent, par une étonnante coïncidence, les sculptures des piliers et des encadrements de portes de la Nouvelle-Zélande.

Comme perdue, dérivée à l'extrême est de la Polynésie dans l'immensité du Pacifique, l'*Ile de Pâques* (*Rapa-Nui* ou *Easter Island*) est sans doute la plus isolée qui soit au monde. Minuscule, elle a ouvré des statues géantes et son art fait exception à la loi qui vient d'être formulée, car c'est l'homme et le corps humain, sans rappel animal, qu'il s'est constamment appliqué à reproduire. Il semble qu'il tende à perpétuer le souvenir d'ancêtres ou d'individus notoires plus qu'à personnifier la divinité ou les génies. La plus grande des deux figures de la planche XIV signale des recherches anatomiques curieuses, tout en étant fréquentes : une étude squelettique de la saillie des pommettes et du sternum. Les oreilles affectent une forme allongée et roulée.

Une vitrine du musée du Trocadéro renferme de beaux exemplaires anciens, également en bois, de ces effigies humaines, exemplaires de haute et grave expression, avec des mains longues et des doigts noblement effilés.

Mais l'art de l'île de Pâques, où le bois, rare, ne provient que d'arbustes rabougris, s'est surtout exprimé par la taille, dans la pierre volcanique, dans la lave répandue à profusion, de statues gigantesques de huit et dix mètres de haut, sculptées sur place dans les cratères et hissées ensuite, par des procédés qui doivent rappeler ceux usités par les Égyptiens, sur de longues plates formes naturelles, appropriées à cette exhibition.

Il est difficile d'imaginer une expression plus impérieuse

et dédaigneuse que celle de la statue de Hoa-Haka-Nana-Ia (Pl. XV), rapportée en 1868 par les officiers de la *Topaze* et qui figure au British Museum (1). Ce colosse de pierre, réduit au tronc et à la tête de l'imposant personnage et qui mesure encore près de deux mètres et demi de haut, est certainement antérieur aux statuettes en bois de la même île qui sont parvenues jusqu'à nous. La simplicité archaïque et la décision des lignes, la plénitude des volumes en font une œuvre hors de pair. Il est regrettable de ne posséder aucune reproduction de l'architecture cyclopéenne des grandes terrasses où gisent des débris, sans doute encore émouvants, de cette statuaire qui ne s'apparente à aucune autre.

Plus colossales et plus nombreuses à l'île de Pâques que partout ailleurs en Océanie, ces statues géantes n'y constituent pas cependant un phénomène unique, et M. H. Mager, qui relève, en diverses îles, des monuments mégalithiques, cite aux îles Marquises un Tiki en pierre de quatre mètres de haut (2).

Notre cycle océanien est terminé.

L'étude des figures sculptées, qui relèvent essentiellement de l'art religieux, nous a fait négliger celle des objets usuels, généralement ornés de fins dessins géométriques traités souvent avec une rare perfection, massues dont la forme et la décoration varient avec chaque groupe d'îles, calebasses où l'on a parfois la surprise de retrouver le motif ornemental de la grecque.

Fréquemment même, l'objet usuel présente un caractère

(1) M. Elie FAURE, *Art médiéval*, p. 149, a donné une reproduction de cette statue vue de trois quarts.

(2) *Le Monde polynésien*, p. 88.

rituel, comme il en est d'une courte et cependant élégante pagaie du groupe austral des îles de Cook, qui figure dans la collection de l'un de nous et où se laisse apercevoir, au bout du manche qui s'évase, l'effigie lilliputienne plusieurs fois répétée du dieu indigène.

Mais ce serait une enquête spéciale à faire que celle des motifs décoratifs employés. Par son texte et ses nombreuses reproductions, le *Handbook* du British Museum se trouve y avoir déjà procédé dans une large mesure.

Constatons seulement, avec son rédacteur, combien il est surprenant que les bois durs océaniens aient pu être ouvrés, avec le fini minutieux dont nous avons eu maintes preuves, par des sculpteurs ou artisans ne disposant que d'un outillage où le métal faisait absolument défaut, — au rebours de ce qui s'est passé en Afrique, où le minerai abonde et où le travail du fer et du cuivre a été appris et pratiqué depuis des temps fort anciens.

Nous arrêtons là notre aperçu de l'art océanien. Pour être complet, il aurait fallu faire une incursion jusque dans les îles de la côte nord-ouest de l'Amérique : archipel du Prince-de-Galles, îles de la Reine-Charlotte, Vancouver, dont les masques, les massues, les poteaux totémiques présentent un reflet frappant de l'art polynésien. Nous avons dû également négliger de nombreux groupes d'îles, notamment, en *Polynésie*, Fiji, Tonga, Samoa, Tahiti. Des réhabilitations corrigeront, s'il y a lieu, nos insuffisances. Nous n'hésitons pas cependant à dresser un palmarès. Java, Sumatra, Bornéo mis hors concours pour cause d'ancienne civilisation partielle, nous décernerons un premier accessit à la Nouvelle-Guinée et trois prix à la Nouvelle-Calédonie, aux îles Marquises et à l'île de Pâques. Plus sérieusement ensuite, nous essaierons de définir dans ses grandes lignes l'art océanien et, particulièrement. l'art polynésien.

C'est avant tout un art d'utilité religieuse, comme celui de toutes les grandes époques, en Égypte, en Orient et Extrême-Orient et au moyen âge. Il s'agit, comme nous l'avons déjà noté, de se concilier les bons génies et de se préserver des mauvais. Des effigies matérielles serviront à ce double effet. La tâche est religieuse et administrative à la fois, car la séparation du culte et de l'Etat n'existe point chez les peuples primitifs où tout concorde en unisson à la défense des intérêts immédiats des membres du clan. Là est leur force et celle de leur art. Certes, les types de dieux et de génies, consacrés par la race, sont bien, dans leur réalisation matérielle, l'œuvre d'un praticien, mais celui-ci, comme les sculpteurs byzantins, romans ou gothiques, devait forcément observer les traditions, les rites, faute de quoi il eût été à la fois dissident et incompris, et il ne devait point même songer à s'émanciper de la sorte.

Nulle part, pas plus en Afrique qu'en Océanie, n'a été découverte, à notre connaissance, une œuvre, nous ne dirons pas signée, mais simplement revêtue de la marque distinctive de l'artisan. Aucune trace de cet orgueil individuel, sans doute inexistant, et qui eût été d'ailleurs sacrilège, eu égard au respect dû à la divinité, devant laquelle le façonneur doit s'éclipser prudemment. A peine, dans l'exécution prévue et définie, son individualité pouvait-elle se trahir par des modifications insensibles et pour ainsi dire involontaires de l'objet commandé, de même que par sa manière personnelle de traiter la matière employée.

Il se rencontre ainsi que l'art dont nous faisons notre étude a obéi aux mêmes lois que celui des plus hautes époques et des plus belles écoles d'architecture et de sculpture. Pénétré des croyances de sa race et travaillant dans le sens que lui marquaient la tribu et son propre atavisme, le bon ouvrier a trouvé la certitude et la décision. Son œuvre est franche, nette, enlevée.

Elle l'est d'autant plus que le travail manuel, exécuté directement sur des bois durs en général, les fameux bois des îles, a nécessité un entraînement particulier, un assouplissement, une attention que ne comporte pas l'emploi amollissant, par les civilisés, de la terre facile à modeler, propice aux repentirs.

C'est à l'heureuse réunion de cette double condition, morale et matérielle, qu'à notre sens l'art, mort depuis un certain temps déjà, de ces peuplades, dont certaines sont elles-mêmes mortes ou moribondes, a dû sa force, son intérêt et nous irons jusqu'à dire : sa valeur d'enseignement.

Pot a bétel (Nouvelle-Guinée)

DEUXIÈME PARTIE

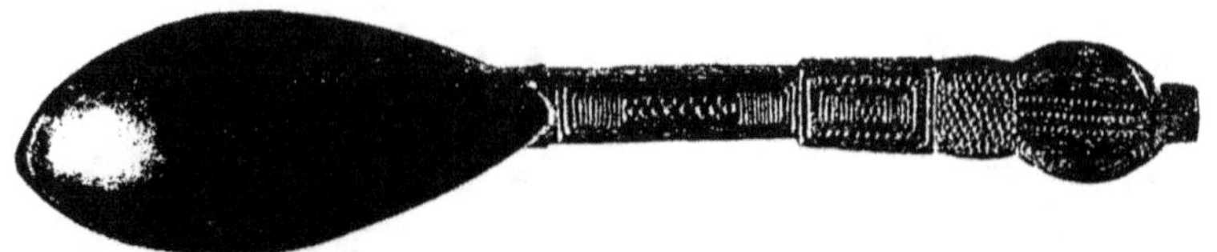

ART NÈGRE

C'EST ici, dans la série des âges, le parent pauvre, le dernier reconnu de tous les arts ethniques. Sa vogue n'est
pas lointaine et ses fidèles sont de notre époque. Il fait
sourire encore, et pourquoi pas? car il est plein de bonhomie.
Cependant, comme tous les arts primitifs, il est grave.

Nos conclusions sur l'art océanien peuvent s'appliquer,
pour la plus grande part, à l'art nègre. C'est au même titre
un art rituel d'utilité religieuse et magique.

La connaissance de la religion des nègres nous semble
aussi nécessaire pour le comprendre qu'elle paraissait indis-
pensable au missionnaire Baudin, de la Société des missions
africaines de Lyon, « pour travailler efficacement à leur évan-
gélisation (1) ». Et, tout d'abord, nous partagerons sa surprise
« de découvrir, sous l'extérieur grossier et repoussant du
« fétichisme, un enchaînement de doctrines, tout un système
« religieux où le spiritualisme tient la plus grande place...

1) *Fétichisme et Féticheurs*, extrait des Missions catholiques. Lyon, 1884,
in 8°, fig.

« doctrines qui offrent de frappantes analogies avec le pa-
« ganisme des nations civilisées de l'antiquité ».

Nous explorerons avec lui les mystères d'une religion
qui est celle de millions d'êtres humains et qui partage
avec le mahométisme toute l'Afrique équatoriale, c'est-à-
dire les côtes du golfe de Guinée, en s'étendant au nord
vers Tombouctou, à l'est au delà du lac Tchad, au sud jusqu'au Gabon et au Congo. « Quoique dispersés en divers
« pays d'une immense étendue, ces Noirs fétichistes ont à peu
« de choses près l'unité des croyances religieuses : leurs divi-
« nités sont identiques : les noms seuls sont différents... »

Nous retiendrons une observation capitale sur les traditions et doctrines religieuses de ces innombrables populations noires, c'est qu'elles « supposent un peuple plus
« civilisé que ne le sont aujourd'hui les Noirs de la Guinée
« et, d'un autre côté, plusieurs coutumes, usages et industries
« montrent clairement qu'ils sont un peuple en décadence.
« Les guerres, et surtout la guerre civile qui a désolé ces
« pays et les désole encore, leur ont fait perdre ce qu'ils avaient
« conservé de cette ancienne civilisation qui était en grande
« partie égyptienne... »

Notre objet est précisément d'étudier, sur les meilleurs
et les plus anciens spécimens que nous aurons pu rencontrer,
l'œuvre de cette ancienne civilisation.

L'existence, dans le passé, d'un grand empire nègre est,
d'autre part, reconnue par divers auteurs et explorateurs (1).
L'empire de Ghana ou Ghanata, fondé vers le III° siècle de

<hr>

(1) J. MACHAT, *Les Rivières du Sud et le Fouta-Djallon (Guinée française)*,
1906, p. 242. *Handbook* du British Museum, p. 259.

notre ère, aurait été conquis ou détruit dans les premières années du xiii⁰ siècle et aurait eu pour héritier l'empire de Mali ou Melli, dont la dislocation remonterait elle-même au xvi⁰ siècle. Nous n'entrerons pas dans le détail des migrations et des luttes ayant eu pour objet la possession du sol et la domination. Il nous suffit de retenir que des traditions ont été recueillies touchant l'existence successive de ces deux empires, attestée de plus à nos yeux par les œuvres qui en procèdent à ne pas douter. Car, à l'examen de certains spécimens de sculpture, il n'est pas permis de penser que l'on se trouve en présence d'improvisations et d'inspirations accidentelles. La technique et le fini de nombreuses pièces, ainsi que leur répétition, comme il en est des netzkés japonais, impliquent l'existence d'écoles et de traditions.

Les plus anciennes remonteraient pour le moins sans doute aux premières dynasties égyptiennes. Dès la VI⁰, un explorateur égyptien s'enfonçait dans l'intérieur de l'Afrique. « Des croisements fréquents ont lieu entre individus de race « égyptienne et individus de race nègre, les Pharaons eux- « mêmes n'ayant éprouvé aucune répugnance à épouser des « négresses. » A la XII⁰ dynastie, on soumettait les tribus négroïdes. Enfin, pendant la XVIII⁰, Thoutmès II assurait définitivement la conquête de l'Ethiopie des anciens, c'est-à-dire du Soudan ou pays de Koush. « Fils royal de Koush, devint dès lors le titre du prince héritier présomptif de la couronne égyptienne, comme chez nous le titre de dauphin (1). »

Mais c'est assurément la préhistoire qui est appelée à élucider le plus de questions ayant trait aux races, à la

(1) AMÉLINEAU. *Résumé de l'histoire d'Egypte*, pp. 10, 93 et 105.

religion et aux mœurs des nègres. Les récentes explorations du lieutenant Desplagnes sur le plateau nigérien lui ont fait découvrir de nombreux monuments mégalithiques, dolmens, pierres levées et autres, et les fouilles qu'il a opérées dans les sépultures ont mis à jour toute une civilisation néolithique (1).

Ses observations sur les tombes africaines antiques permettent d'établir de nombreuses concordances avec celles de Fustel de Coulanges sur les sépultures et les croyances des peuples primitifs qui constituèrent la Grèce et Rome. Pour ne citer qu'un exemple, de nombreuses tombes africaines néolithiques sont à tuyau de poterie pour les libations et la nourriture du mort, dispositif maintes fois rencontré en Grèce et en Italie dans des gisements de haute époque. Bien plus, certaines tribus africaines enterrent toujours leurs morts suivant ce mode si spécial. De cette observation et de bien d'autres aussi probantes, il résulte — et n'est-ce pas profondément émouvant ? — que la religion, les mœurs et l'art des nègres nous apportent un témoignage tout proche et encore palpitant de croyances religieuses, de mœurs et d'art de la plus haute antiquité, contemporaine de nos ancêtres communs.

En somme, au point de vue des races, il paraît exister, — d'après le lieutenant Desplagnes, — en premier lieu, un fonds de tribus très primitives et de négrilles dont on ne retrouve plus guère de traces en dehors de la zone forestière; puis, une couche de peuples noirs peu prognathes, que les anciens nommaient Éthiopiens noirs, descendant des populations néolithiques soudanaises d'origine hamitique, attachés à leur culte

1. DESPLAGNES. *Le Plateau nigérien*, 1907, in-8°. fig.

spiritualiste et habitant des cases de paille en forme de
ruches; enfin, toute une série de populations dénommées
rouges par les légendes locales et les écrivains anciens, édi-
fiant des habitations en terre ou en pierre, avec un sentiment
de la décoration très prononcé. Ces deux derniers groupes
ont introduit au Soudan une philosophie animiste avec le
culte des ancêtres, le respect des morts et la croyance à une
triade divine.

Ainsi, les races nègres qui se sont multipliées et mélangées
ne seraient qu'un rameau de l'arbre unique des Aryas. Ce sont
les enfants de Cham. Leur art, leurs traditions sont frères des
nôtres, ou plutôt, si miraculeusement conservés dans leur fraî-
cheur, de ce qu'étaient les nôtres.

Or, il est permis de penser qu'au moyen âge le plus ancien
empire nègre, celui de Ghana, a ouvré, d'après des traditions
antiques, les principaux types. Dans le jargon des amateurs et
des marchands, les très rares pièces que l'on qualifie, plus par
intuition que par certitude, comme étant du XII° siècle, affectent quelque peu cette généralité, cette absence de caractère
national spécifique qu'ont précisément les œuvres sculptées à
cette époque dans toute la chrétienté. Moment unique où, sous
la direction des vastes écoles internationales que constituaient
les grands ordres monastiques, architectes et statuaires ont
réalisé un art religieux d'une remarquable unité, disparu dès
le XIV°, lorsque l'influence civile et communale a commencé à
se faire sentir.

Faut-il conjecturer que le même phénomène s'est produit
sous le second empire nègre, par suite peut-être d'une moindre concentration ? Les premiers types généraux, diminués
de noblesse et de grandeur, se seraient progressivement

particularisés et différenciés de tribu à tribu, jusqu'à la décadence actuelle définitive. Ne fallait-il pas un pouvoir centralisé,
fort et même tyrannique, pour obtenir un effort persistant de ces
êtres, dont la précocité dépasse celle de l'Européen, mais dont le
développement cérébral, physiologiquement inférieur, s'arrête en
général à l'âge de la puberté et qui, suivant l'heureuse expression
de M. Marcel Monnier, membre de la mission Binger (1), « dé-
jeunent d'une banane et s'habillent d'un rayon de soleil »? Quoi
qu'il en soit — et que l'on comprenne bien —, nous raison-
nerons de modèles vraisemblablement élaborés au cours des
dits empires, mais nous n'avons guère la prétention de
déterminer les objets mêmes qui remontent jusqu'à ces
époques, persuadés que nous n'étudions la plupart du temps
que des redites.

Après ces aperçus généraux, qui viennent de nous entraî-
ner un peu loin, essayons, en prenant pour guide le R. P.
Baudin, de nous faire une idée du système religieux des
nègres de la Guinée. « Ils croient à l'existence d'un être
« suprême et primordial, le seigneur de l'univers qui est
« son ouvrage. Ce monothéisme reconnaît en même temps
« l'existence d'une foule de dieux inférieurs et déesses subal-
« ternes. Chaque élément a sa divinité qui lui est incorpo-
« rée, qui l'anime, le gouverne et est l'objet de l'adoration.
« C'est, sur une vaste échelle, la déification de la nature
« entière. Au-dessous des dieux et des déesses, se trouvent
« un nombre infini de génies bons ou mauvais, puis vient
« le culte des héros et grands hommes... Les Noirs rendent

(1) France Noire, Côte d'Ivoire et Soudan, 1894, in-8°, fig.

« aussi un culte aux morts(1) et croient à la métempsychose. »

Pénétrons un peu plus avant dans la cosmogonie et la théogonie nègres.

L'être suprême, créateur de l'univers et de la vie, est rentré dans son repos, pensent les Noirs, et laisse aux autres dieux et génies le soin de gouverner le monde. Nul symbole, nulle statue ne le représente et aucun autre culte ne lui est rendu que l'invocation de son nom, Olorun, dans un danger subit ou une grande affliction.

Après lui, le premier des dieux supérieurs, Obatala, est le dieu de la lumière. L'être suprême lui donna pour épouse Odudua, la mère, celle qui habite les régions inférieures de l'univers. L'un est l'esprit, l'autre la matière. Les féticheurs n'en font souvent qu'une seule et même divinité hermaphrodite, représentée par une statue double qui n'a qu'un pied (Pl. XVI). Séparée de son époux, Odudua est la mère allaitant son enfant, forme sous laquelle il est facile de l'identifier (2) dans le panthéon nègre (Pl. XVII). Ce sont, en somme, sous des noms usités à la Côte des Esclaves, Osiris, Isis et Horus.

Cette conception d'un être suprême qui se réserve, de deux divinités agissantes et d'un cortège de dieux ou génies subalternes a trouvé son expression sculpturale dans une pièce

(1 FUSTEL DE COULANGES. *La Cité antique*, p. 8 : « Les rites de la sépulture montrent clairement que, lorsqu'on mettait un corps au sépulcre, on croyait en même temps y mettre quelque chose de vivant. » *Ibid.*, p. 10 : « L'âme qui n'avait pas son tombeau n'avait pas de demeure. Elle était errante... Malheureuse, elle devenait bientôt malfaisante. » P. 17 : « On trouve ce culte des morts chez les Hellènes, chez les Latins, chez les Sabins, chez les Etrusques: on le trouve aussi chez les Aryas de l'Inde »

(2) La vitrine de Loango-Angola, au musée du Trocadéro, renferme l'exemplaire de bonne sculpture et de belle patine que nous reproduisons. C'est bien la déesse matérielle et terrestre, à expression bestiale. Mais pourquoi foule-t-elle aux pieds un quadrupède?

curieuse de l'industrie Habbé (Soudan) : « une serrure en bois
« sculpté ornée de figurines représentant les Génies protecteurs
« ou Esprits ancestraux, dans le corps de la Puissance divine
« que dirige la Puissance mâle et la Puissance femelle (1). »

Nous n'avons pas intérêt à poursuivre plus loin cette
nomenclature des dieux, déesses ou génies, la décadence
actuelle du fétichisme ne permettant d'identifier aucun d'eux
avec les figures de bonnes époques qu'il est de notre ressort
d'étudier. Mais une question se pose sur la forme donnée à
la divinité. Le fétiche, généralement taillé dans le bois, est-il le
dieu lui-même ou seulement son emblème? Les auteurs colo-
niaux adoptent le plus souvent cette dernière hypothèse. Peut-
être le fidèle raisonne-t-il et distingue-t-il moins — et c'est là,
sans doute, le fétichisme. A en croire le R. P. Baudin, « les féti-
« cheurs possèdent l'art et le pouvoir d'unir intimement les
« dieux et les génies à des objets matériels ». Il ajoute toutefois
que « ce que les Noirs adorent, ce n'est pas la pierre,
« l'arbre, la rivière, mais bien l'esprit qu'ils croient y résider »
et il cite le cas où, à la mort du féticheur, les nègres cessent
de croire aux fétiches et considèrent que les dieux n'y sont plus
inclus.

La coutume de cribler de clous ou de lances de fer certains
fétiches, soit pour obtenir un bienfait, soit pour exercer une
vengeance, semble bien un signe de la croyance des nègres au
caractère surnaturel de leurs idoles. Le musée du Trocadéro
possède une douzaine de figures du Loango, vraisemblablement
d'une époque assez récente, dans lesquelles sont fichés des clous,
des vrilles, des morceaux de limes, des couteaux en nombre

---

(1) Desplagnes, *loc. cit.*, fig. 112. — La pièce décrite est au musée du Trocadéro.

étonnant. Sans doute, le fétiche écouterait la prière d'une oreille distraite et, comme le postulant n'a pas la ressource de tirer par un pan de son manteau l'idole dont la nudité est complète, il lui plante un clou dans le corps « pour que la sensation qu'elle « éprouve lui fasse bien pénétrer la requête dans la mémoire », ainsi que l'écrit le professeur R. Verneau. « Au surplus, ajoute « le savant conservateur du musée d'ethnographie, ce qu'on « n'obtient pas par la prière, on l'obtient par la rigueur, et le « nègre a volontiers recours à la violence, même quand il « s'adresse à des êtres surnaturels (1). »

Il n'est pas besoin d'insister sur le pouvoir redoutable des féticheurs ou sorciers, truchements des esprits auprès du commun peuple et, en même temps, médecins, empoisonneurs, exorcistes.

Nous ne nous appesantirons pas non plus sur la crédulité des nègres, le nombre et la basse qualité de leurs superstitions (2), la peur continuelle dans laquelle ils vivent (3), peur des mauvais sorts — et des méchants esprits qu'il faut surtout se concilier, les bons n'étant point redoutables. Diffèrent-ils tant sur ces points des civilisés? Les époques de foi sont des époques de crainte perpétuelle. Peut-être la mobilité de leur esprit, si souvent alléguée et méprisée, leur permet-elle de supporter facilement une pareille existence et, d'autre part, il en résulte pour eux une certaine activité d'esprit, un état imaginatif qui comporte des compensations et des réalisations. N'oublions pas

(1) R. Verneau. *Les Fétiches à travers les âges*, dans *La Nature*, 22 avril 1916, fig.

(2) *La Cité antique*, p. 210 : « Cette religion était un ensemble mal lié de petites croyances, de petites pratiques, de rites minutieux. »

(3) *La Cité antique*, p. 211 : « Ni les dieux n'aimaient l'homme, ni l'homme n'aimait ses dieux. Il croyait à leur existence, mais il aurait voulu qu'ils n'existassent pas. »

d'ailleurs leur déchéance présente. Ne serait-il pas logique de supposer à leur race une mentalité plus forte aux hautes époques où nous ferons remonter des œuvres qu'ils seraient incapables de créer aujourd'hui ?

« Pour l'homme sauvage, profondément impressionnable, « dit Carlyle, tout était nouveau, non dissimulé sous noms et « formules, nu, éblouissant, beau, terrible, innommable. La « nature pour cet homme était ce qu'elle sera toujours pour le « penseur et le prophète : surnaturelle. » Et M. Arcin, qui cite ce lumineux passage dans son livre sur la Guinée française, ajoute : « Le nègre est dans l'état d'esprit de cet homme que « décrit Carlyle. C'est l'homme-enfant de Platon. »

De ce polythéisme, de ce surnaturel ingénu est issu un art naïf, vivant, qui, bien qu'obéissant aux principes constants qu'observaient, il y a plusieurs millénaires, les peuples primitifs, reste cependant plus jeune, moins figé, moins momifié que tout autre. L'art nègre encore pur n'est pas d'ailleurs à plus de quelques générations de nous, — mettons cent à deux cents ans.

« Non seulement à côté de chaque village dit fétichiste, « écrit M. Arcin, s'élève un temple en branchages où l'on vient « déposer des offrandes et faire des sacrifices, mais encore « chaque case a sa statuette soigneusement dissimulée (1) qui « représente l'ancêtre familial. » Après avoir mentionné toute la gamme des croyances, zoolâtrie (les animaux représentent l'ancêtre du clan, doctrine totémique), phytolâtrie (le bois sacré existe en Afrique comme dans l'antiquité classique), litholâtrie,

____

(1) *La Cité antique*, p. 184 : « ... De même que le culte domestique était secret ... »

hydrolâtrie, pyrolâtrie, astrolâtrie, en somme, toutes les croyances primitives, il énumère trois cultes :

Le culte privé ou familial, le plus important, rendu aux mânes des ancêtres (1), surtout au fondateur de la famille ;

Le culte public, qui s'adresse aux génies et aux astres, célébré par tout le village et dont les cérémonies sont réglées par les sorciers ;

Le culte secret, dont les rites, cachés aux profanes, confèrent au chef des affiliés une grande puissance.

Il ajoute : « Dans les petits villages où tout le monde est « affilié aux sociétés secrètes, le père de famille, chef du village, « est assez souvent le prêtre de ces trois cultes. » En somme, partout le culte des aïeux — et de la génération (2) qui assure la pérennité des hommages qui leur sont dus.

C'est le culte familial qui a donné naissance à ces petites figures, véritables portraits en pied venus jusqu'à nous, après avoir été cachés dans les demeures. Il a contribué ainsi sans doute à créer un art plus discret, plus intime que l'art polynésien, dont l'objet était surtout de constituer, par des épouvantails à mauvais esprits ou des hommages à ceux-ci, la défense extérieure, volontairement visible, de la case (3). D'où, en

(1) *La Cité antique*. p. 36 : « Chaque famille avait son tombeau... L'ancêtre recevait de ses descendants la série des repas funèbres... Le descendant recevait de l'ancêtre l'aide et la force dont il avait besoin... Le vivant ne pouvait se passer du mort, ni le mort du vivant. »

(2) *La Cité antique*. p. 37 : « ... Les Anciens n'avaient pas l'idée de la création... Le générateur leur paraissait un être divin, et ils adoraient leur ancêtre. Il faut que ce sentiment ait été bien naturel et bien puissant, car il apparaît comme principe d'une religion à l'origine de presque toutes les sociétés humaines; on le trouve chez les Chinois comme chez les anciens Gètes et les Scythes, chez les peuplades de l'Afrique comme chez celles du nouveau monde. »

(3) Il existe cependant en Océanie des statues funéraires.

Afrique fétichiste, un art plus humain des figures taillées.

Au contraire, bien que procédant d'esthétiques différentes, l'affinité est plus grande entre les masques africains et les masques océaniens, les uns et les autres servant aux danses, aux cérémonies religieuses ou de guerre. Cependant, ceux-ci demeurent plus près du monstre, ceux-là plus près de l'homme. Mais de ce que les idoles nègres sont plus humaines que celles d'Océanie, il ne faut pas conclure qu'elles nous deviennent, dès leur rencontre, plus familières.

L'inverse est vrai plutôt. La forme étrange qu'affecte la figure dérivée du monstre nous choque personnellement moins, au premier abord, que la forme humaine telle que la conçoit la mentalité, disons plutôt la sensibilité nègre. Nous sommes trop habitués à notre plastique de l'homme, héritée, quoique si déformée, de l'antiquité classique, et nous tenons à notre art pseudo-réaliste et à notre ressemblance, même mesquine.

Aussi, au début, notre compréhension et notre admiration se sont arrêtées aux masques. Leurs lignes, leurs plans, leur expression les faisaient absolument différents, non seulement des masques antiques et modernes, mais aussi des masques chinois et japonais, avec les formes desquels nous étions familiarisés. C'était pour nous un attrait de plus, un piquant, une nouveauté facile à assimiler, car la beauté du masque, en tous temps et en tous lieux, a toujours été sa grande liberté d'expression, pourvu que celle-ci fût forte et presque imprévue. Chose curieuse : le mode d'expression des masques nègres ne consiste pour ainsi dire jamais en une contorsion des traits, une grimace : ils ne rient ni ne pleurent. Le rare masque de guerre (Pl. XVIII), avec la moue de sa bouche et son nez contourné, est une exception. Leur expression découle de leur construction essentiellement nouvelle pour nous, de l'accentuation des plans par grandes masses. C'est du jeu des lignes qu'ils tirent leurs effets. Rien n'est plus loin de la littérature et plus inhérent à la plastique.

Le masque de gorille (Pl. XIX), Côte d'Ivoire, présente deux masses opposées : celle du front, accompagnée d'un nez large et court, et celle du menton, tellement puissantes toutes deux que, pour se dégager entre elles, les yeux et les pommettes surgissent en invraisemblables saillies. Des bajoues en arc-boutant, avec un prolongement extérieur des mandibules démesuré, compensent en arrière ces saillies et créent ainsi un ensemble architectural exactement balancé. La mobilité de la mâchoire inférieure permettait au porteur du masque d'en tirer de grands effets et d'en accentuer le caractère déjà si vivant.

Après cette œuvre, pleine de fougue et toute en saillies, en voici une (Pl. XX), également de grandes dimensions, qui contraste avec la première par le calme, la simplicité et la réduction des plans. Ici, pas d'autre saillie que le nez, rejoignant, par la double ligne des sourcils, l'ovale régulier de la figure, dessiné tout entier en bourrelet d'un seul trait. La bouche n'existe pas. Quelques traits géométriques semblent figurer, aux losanges des yeux, non sans doute des pattes d'oie, mais, comme au front, sous les yeux et le nez, des signes rituels ou conventionnels. La provenance de cet ouvrage ne peut être indiquée par nous avec certitude. Est-il originaire de la Côte d'Ivoire, ou parent des masques pahouins qui reflètent l'image de la face lunaire?

Nous revenons, avec les grandes figures des planches XXI et XXII, à des architectures complexes.

Dans la première, l'ample coupole du front et l'énorme

denture stylisée du cynocéphale font une bête fabuleuse, de lignes arrêtées, droites et parallèles pour le nez, en triangle pour les dents, en ogive pour l'ouverture de la mâchoire.

Et que dire de la seconde, si ce n'est qu'elle fait songer à un dragon bovin, à un hippogriffe, et que c'est là une création, différente de celle de la licorne, mais peut-être plus puissante? Ainsi qu'aux hautes époques, de même qu'au moyen âge, l'imagination et l'invention ont été, en pays nègres, d'une vitalité assez jeune et vigoureuse pour conférer l'existence à un animal inconnu, un être nouveau.

Après ce prudent préambule, où la présentation des masques n'a pu susciter nul émoi répulsif, il y a lieu de confesser qu'il nous fallut longtemps pour accepter les formes du corps humain, telles que les a conçues l'art nègre, pour acquérir, non point, chose impossible, la mentalité et la sensibilité nègres, mais pour admettre leurs créations et, partant, nous complaire à leurs réussites. Quand nous en fûmes là, si puissants et si variés que fussent les masques, ils nous touchèrent et nous instruisirent moins désormais que les figures, œuvres autrement complexes et dont la formation impliquait un effort combien plus ardu.

Comme nous sommes loin ici des proportions antiques que la Grèce a gravées par éducation dans notre mémoire visuelle! Les têtes sont généralement énormes et les jambes minuscules, que ces dernières soient droites ou, comme elles le sont fréquemment, ployées. Et cependant les proportions diffèrent totalement de celles auxquelles nous a habitués le procédé de certains de nos caricaturistes. Ces jambes minuscules supportent toujours dans le même aplomb le buste, sans le hanchement familier à l'art grec non archaïque. (Cette caractéristique d'art primitif s'est conservée jusqu'au temps présent.) Le corps toujours nu des statues de bonne époque, leur tête et leur coiffure nous apparaissent, ainsi qu'il en a été des masques, surtout comme une architecture, car, si étranges que nous semblent leurs proportions, l'ensemble est construit et se tient avec fermeté et décision.

C'est là sans doute qu'est intervenue la force de l'art religieux et collectif. La statuaire de notre xiie siècle faisait corps avec les piliers de la cathédrale, et les formes humaines s'amincissaient et s'effilaient en accord avec les nécessités architecturales. Ici, toute proportion gardée et l'édifice n'existant guère, la figure sculptée devait être à elle seule toute l'expression religieuse, tout le monument de la foi. La statuette, car les dimensions excèdent rarement un demi-mètre et se réduisent souvent à quelques centimètres, se présente à nous comme une construction à lignes solides, arrêtées, fréquemment géométriques. Les larges surfaces planes, comme celles des corps tatoués, sont souvent garnies de dessins linéaires. Et il est presque oiseux de remarquer que ces idoles, au moins autant que celles d'Océanie, ont exercé, par leurs caractères communs d'œuvres primitives. quoique relativement récentes, et par leur liberté incroyable dans le jeu des proportions, une influence considérable sur l'art ultra-moderne, qu'elles ont aidé à concevoir une large échappée hors des vieilles formules.

Dans la curieuse figure (Pl. XXXI) dont malheureusement les seins sont mutilés et les bras manquent, la tête et les jambes sont de même hauteur et le buste de dimension trois fois plus grande à lui seul.

Nous venons d'essayer de fixer, trop brièvement peut-être,

les caractéristiques générales de l'art nègre. Nous nous efforcerons maintenant de dégager ses particularités, de faire apercevoir sa variété, sa diversité.

C'est autour du vaste golfe de Guinée, en ajoutant à ses rivages un large hinterland, que semble s'être concentré le meilleur effort.

Ses bords évoquent dans notre esprit ceux du golfe du Lion de notre Méditerranée. Ils se développent suivant une courbe et une exposition similaires. Comme il en a été sur les côtes de notre mer méridionale, c'est sur celles du golfe de Guinée que se sont effectués, depuis des temps fort anciens, les plus importants échanges d'une partie du monde à l'autre. Les bassins adjacents du Niger et du Congo constituent, comme l'a relevé le R. P. Baudin, le domaine fétichiste jusqu'à Tombouctou et jusqu'aux grands lacs. Certes, des migrations sans nombre, souvent récentes, venant de l'est et du nord, des mélanges même de sang blanc se sont produits — et les nomades ont traversé les groupements sédentaires. Mais que la tribu ait gardé ses idoles, qu'elle ait adopté celles du pays conquis ou mêlé les unes et les autres, du moment que le culte est resté fétichiste (1), les mêmes causes, sous la variété des formes, ont produit des résultats similaires, des œuvres de même lignée comparables au point de vue de l'art.

L'aire est immense, presque aussi vaste que l'Europe entière. Indépendamment de la liberté plus grande de l'art nègre, il est donc concevable, l'Afrique étant bien autrement peuplée que les îlots polynésiens, que nous rencontrions une variété de fétiches qui dépasse considérablement celle des types océaniens que

1. Même en bien des régions atteintes par l'islamisme, ce dernier s'est superposé superficiellement au fétichisme sans l'annihiler.

nous avons reconnus. Chaque tribu a le sien. Or, nous ne pré-
tendons point en dresser le catalogue. Toute notre ambition se
borne à exercer un choix. D'ailleurs, non seulement nous n'en
connaissons qu'un petit nombre, mais parfois nous pourrons
à peine indiquer leur contrée d'origine, souvent grande comme
la France, sans être en mesure de mentionner la tribu.
N'en arrive-t-il pas de même pour notre moyen âge où l'on se
borne fréquemment, en face d'un objet, à la simple mention :
art français, italien, espagnol, allemand, sans indiquer la pro-
vince ou l'atelier? Pouvons-nous relever toutes les influences
qu'ont exercées les invasions, les guerres, les mélanges européens anciens et même récents? Ces impossibilités n'ont pas
arrêté les innombrables historiens de l'art, ni les critiques
— et nous en arrivons à nous demander si les difficultés que
nous allons rencontrer sont plus grandes que celles dont ils ont
ou n'ont pas triomphé.

Au moment de passer en revue et de différencier les principaux foyers d'art nègre, une région située presque au plus
profond du golfe de Guinée, le *Bénin*, nous retiendra par son
art de transition, art métis, où se sont confondues les traditions
européennes et indigènes pour former un mélange assez savoureux. Sous l'influence des navigateurs, explorateurs et colons
portugais, aux xve et xvie siècles, le travail du métal a pris en ce
pays un remarquable développement et le British Museum
possède une collection fort complète de ses plus beaux spécimens, ainsi que des pièces en ivoire et des bois sculptés où
domine l'apport indigène.

Parmi les pièces en bronze, la plus célèbre (Pl. XXIII) est
une tête de jeune fille à l'expression vivante, aux larges et

beaux yeux, au galbe plein et dont la coiffure, pure coïncidence sans doute, fait songer à un hennin assoupli. Le mélange de force et de douceur, la stylisation particulière de l'oreille, les scarifications du front qui en rompent la hauteur composent un ensemble caractérisé dont l'équilibre parfait explique la grâce séduisante. Dans un ivoire du XVIe siècle (1) au même musée, l'attitude et l'expression dure d'Européens armés et revêtus de cottes de mailles sont rendues avec une vérité et une force singulières.

C'est, au contraire, une tradition locale qu'exprime le masque en bois dur et cassant (Pl. XXIV), visage humain aux yeux à fleur de tête, suivant un rite et un poli minutieux particuliers au Bénin ainsi que la stylisation extrême de la coiffure.

Sans doute, cette adaptation, ce métissage africo-européen ont-ils été possibles en raison de l'époque où s'est produite cette fusion et les leçons des civilisés ont-elles porté d'heureux fruits, quoiqu'un peu douceâtres, à cause de la valeur des maîtres et des traditions qu'ils apportaient avec eux.

Cette transition ménagée, nous entrons dans le domaine de l'art plus purement nègre et nous allons en élire deux manifestations extrêmes, entre lesquelles, comme entre deux pôles, viendront s'insérer, dans leur variété, les réalisations intermédiaires.

Le fétiche (Pl. XXV) de l'Ogooué, partie septentrionale du Gabon, en bois presque entièrement recouvert de feuilles de cuivre jaune et rouge, tête énorme, aplatie, élargie sans épaisseur, venant rejoindre par un buste minuscule de petites jambes ployées et ouvertes en éventail, est assurément le type le plus

(1) Cf. le *Handbook* du British Museum, p. 239.

éloigné de la forme humaine qui ait été conçu par la mentalité nègre. Les exemplaires en sont assez nombreux et ne se distinguent les uns des autres que par des variétés décoratives afférentes à l'ornementation du métal, sans que l'architecture générale soit modifiée. C'est une curiosité de découpage géométrique qui semble issue tout d'une pièce d'un cerveau nègre. Point d'œuvres voisines connues, ni d'essais approchants qui dévoilent par des transformations successives la genèse de cette bizarre figure.

Le fétiche du *Dahomey* (Pl. XXVI), si l'on consent au tassement de la partie inférieure du corps, inhérent à l'art nègre, serre au contraire de près la réalité du corps humain. Les volumes du visage arrondi, des bras exagérément puissants et des seins sont d'une plénitude remarquable. Dans l'art nègre de bonne époque, d'ailleurs, les contours sont nets et pleins, les chairs drues plutôt que grasses. Cette statuette présente les tatouages reconnaissables du Dahomey. L'expression bonne enfant de cette solide nabote, bien campée sur ses petites jambes, contrarie les idées un peu toutes faites qu'on a pu concevoir sur ce pays guerrier, qu'il faut renoncer à comparer à Sparte. Son art réaliste, loin d'être inexistant, ne semble pas inférieur à celui de ses voisins. Les spécimens anciens en sont assez rares et on le juge souvent sur des redites trop modernes, de modelage et de peinturlurage polychrome plus que sommaires.

Notre classification, partant des données les plus réalistes aux yeux européens et remontant par degrés jusqu'à celles qui paraissent le plus arbitraires, nous conduirait, semble-t-il, au

Congo. Cependant, cette immense région, cinq ou six fois grande comme la France et partagée surtout entre elle et la Belgique, témoigne d'une diversité qui peut paraître infirmer sur des points de détail cette appréciation de son art.

Tel n'est point le cas du fétiche (Pl. XXVII), vraisemblablement du Congo français, dont le visage, aussi animé que pourrait l'être sur une photographie celui d'une personne vivante, présente des traits d'un caractère sémitique accentué. Le nez est d'une courbe dont on ne peut dénier l'origine. Faut-il ajouter à cette éminente caractéristique le goût des bijoux, synthétisé par le collier de cuivre et l'énorme bracelet similaire? Nous n'irons pas jusqu'à prétendre que l'amour de la parure est impliqué par l'existence d'un pagne, qui doit être conforme à la mode indigène et n'est certes point la manifestation d'une pudeur consistant à voiler partiellement une œuvre sculptée (1). Il est à remarquer que les seins, qui pointent, sont ronds, au lieu d'être, suivant une plus grande fréquence, piriformes. Cette statuette, dont nous admirons la netteté, la plénitude et la décision des traits du visage, porte sur la poitrine, comme la généralité des fétiches congolais, une protubérance fixée par une matière résineuse et garnie d'un morceau de miroir. C'est en quelque sorte un reliquaire, recélant le gris-gris, l'amulette, griffe d'animal ou tout autre objet consacré.

Nous avons jugé superflu de représenter le type de fétiche que l'on rencontre le plus communément au Congo-Alima.

---

(1) L'art nègre de bonne époque n'est pas impudique. Loin de là: il n'a guère de pièces de musée secret et jamais rien d'égrillard. Seulement l'idole mâle ou femelle est très naturellement sexuée.

Front bombé, coiffé en arrière d'une sorte de casque, bouche
en cul de poule, barbiche de coupe égyptienne, bras collés au
corps encadrant le miroir reliquaire, lourdes jambes ployées.
Expression et plastique pesantes.

En revanche, puisque nous sommes au Congo, demeurons-y
le temps d'admirer l'ampleur et la beauté de ses coupes ou
vases en bois sculpté ou mouluré. Nombreux sont les gobelets
qui figurent une tête de femme, de type, de coiffure et d'expression variés. Il en est de plus vivantes et marquantes que celle
de la planche XXVIII. mais l'absence de bouche la rend
curieuse.

Le simple gobelet de la même planche exhibe un décor
dont le motif est certes d'inspiration nègre, comme les petites
jambes ployées, conçues par une mentalité animiste, qui supportent le récipient en forme d'œuf.

Le gobelet à anse unique, toujours du même groupe, doit
être du Congo français et sa taille géométrique a de l'analogie,
avec plus de richesse et d'imprévu, avec celle des pièces de
cristal qui ornèrent des tables européennes. C'est du classique
nègre, expert en belles moulures entrecroisées et qui rénoverait
avantageusement les modèles de nos fabricants d'objets usuels,
devenus d'inspiration si pauvre. Le British Museum est riche
en beaux spécimens. A l'American Museum of Natural History
de New-York, figure un vase d'une simplicité, mais d'une
beauté admirables, où le mouvement des moulures juxtaposées
épouse les renflements et les resserrements de l'objet, comme
une musique sensible suit le rythme des gestes (1).

(1) Reproduit dans *African Negro Art*, de M. DE ZAYAS.

Si certains de ces bois sculptés, par leur galbe et leur décor régulier qu'on dirait classiques, font songer aux vases antiques, en voici un (Pl. XXIX) d'un romantique nègre, avec son anse formée d'une main et d'un poignet et ses entrelacs comme ponctués de cabochons.

C'est en grand nombre que l'on trouve au Congo des figurines de quinze à vingt centimètres de haut, minuscules dieux lares taillés dans un bois dur et cassant, ornés de tatouages pectoraux en relief. Sur la planche XXX le plus petit projette un menton volontaire qui termine en angle aigu un fin profil. Celui de face exhibe un fusil et un couteau, attirail guerrier qui n'est point rare. Tous deux sont coiffés d'une sorte de pschent. Les couvre-chefs de ces petites figures sont presque aussi variés que les coiffes des Bretonnes. — Quant au troisième, que nous avons réuni aux autres à cause de sa taille, il n'est point du Congo, mais du *Haut-Niger*, et nous fait connaître un type de fétiche à masque simiesque accentué, qui est passablement répandu dans cette région. où l'on s'écarte davantage de la forme humaine, que l'art du Dahomey et, en général, du Congo n'ont pas encore trop transformée.

Du Congo français. le bâton de commandement de la planche XXXI. Il a pour office de servir de sauf-conduit. Suivant le rite. la tête qui surmonte le bâton a l'expression impérieuse et menaçante, les yeux fixes, les lèvres pincées qui profèrent l'ordre ou passent la consigne.

Du Congo belge sans doute le support de fétiche (cul-de-lampe de la dernière page, avec quatre têtes d'une géométrie triangulaire, symétriquement disposées.

Et, en cul-de-lampe de la table, voici, du Cassaï, un éléphant minuscule en bois dur et poli, porteur, au lieu d'un palanquin, d'une sorte de récipient apte à contenir l'objet spécialement consacré. La stylisation de la trompe et des oreilles est amusante, mais surtout celle des jambes où l'artiste, pour exprimer le plissement de la peau trop grande de l'animal, a décrit une série de cercles en forme de boudin superposés, devant lesquels se trouve évoquée à l'esprit une enseigne de bandages pneumatiques, le célèbre Bibendum.

Les fétiches sculptés d'animaux, de bonne facture et d'époque un peu ancienne, sont plus rares à rencontrer que ne le laisserait supposer la croyance, répandue dans chaque tribu, que son plus lointain ancêtre est un animal. Le culte totémique a fourni à la science ethnographique les données les plus sûres jusqu'à ce jour, concernant la persistance des races. Ma, le poisson, Oua, l'oiseau, Sa, le serpent, syllabes qui entrent dans la composition du nom de maintes tribus, sont des indices de parenté entre celles qui relèvent du même totem. La rareté relative de l'animal sculpté s'explique aisément par l'usage de rendre un culte à l'animal vivant, soigné, nourri, devenu lui-même fétiche et, à ce titre, sacré.

Il ne conviendra pas de quitter le Congo sans signaler la qualité de l'art du *Gabon* et du *pays pahouin* qui chevauchent sa frontière nord-ouest. La planche XXXII (1) reproduit une tête de beau style d'un modèle pahouin dont nous connaissons par ailleurs un exemplaire considéré comme archaïque. Plus petite et moins ancienne, quoique de très bonne époque, cette belle

(1) Nous devons communication de cette planche ainsi que de plusieurs autres à l'obligeance de M. Paul Guillaume.

réplique nous apprend que le sculpteur est resté passablement
fidèle au modèle antérieur, avec moins de grandeur dans le
caractère, comme dans les dimensions. C'est toujours la même
coiffure, sorte de pschent assoupli, dont il a observé la belle
simplicité, sans pousser à l'ornementation décorative.

Serait-elle du Gabon, cette idole féminine (Pl. XXXIII)
dont le visage grave présente un caractère hiératique de noble
expression, que l'on rencontre rarement chez les fétiches de
ce sexe, plus près de la femelle que de la déesse? Notre attri-
bution, tout hypothétique, est en partie basée sur la forme
particulière de l'oreille qui se rapproche de celle observée sur
une tête d'instrument de musique de cette région. La coiffure,
fort curieuse, ne nous suggère aucun rapprochement.

Les instruments de musique du Gabon, comme d'ailleurs
du Congo et de tous les pays nègres, comporteraient un cha-
pitre spécial et même une étude complète, mais notre objet est
plus spécialement l'examen de la figure sculptée. Le goût et les
dons des nègres pour la musique et la danse sont trop connus
pour que nous ayons à y insister et ce sera peut-être un jour
le mérite d'un spécialiste de recueillir leurs motifs musicaux
et d'étudier leur science instrumentale. Il nous appartient
toutefois de mentionner deux types d'instruments, dont les
cordes sont tendues au bout d'une tige ou bras, au-dessus d'une
caisse résonnante allongée, garnie de parchemin. Dans certaines de ces guitares ou mandolines, une tête sculptée apparaît
immédiatement au-dessus de la caisse que dépasse de toute sa
longueur la tige incurvée où s'échelonnent les cordes, mariant
ainsi la lyre à la guitare. Dans un autre type similaire d'instru-

ment, la face sculptée se penche minuscule à l'extrémité du bras. Expression et plastique souvent curieuses, animées, et qui sont aussi variées et vivantes que celles des petites têtes qui ornent nos anciens instruments de musique.

Au sud du Congo français. *Loango* et, au sud-ouest du Congo belge, *Angola* ont possédé des fétiches qui s'apparentent aux congolais. On y retrouve le reliquaire pectoral à miroir. La vitrine du Trocadéro qui leur est consacrée est amplement fournie de spécimens intéressants et variés de leur art, quelques-uns passablement anciens.

Le *Cameroun*, limitrophe du Gabon, offre d'estimables témoignages d'un art soigné, reconnaissables au bonnet allongé en forme de corne, comme dans la petite figure du titre (jeune nègre portant un chien sous son bras). C'est en Allemagne. dans les musées et chez les amateurs, que l'art de cette région pourrait être plus complètement étudié, sans vraisemblablement fournir des données nouvelles d'ordre général.

La *Côte d'Ivoire*, large champ d'exploration française par où s'est effectuée surtout notre pénétration au Soudan, si attirant. nous retiendra plus longuement. Nous avons déjà reproduit quelques masques qui ont donné un avant-goût de son art. La sculpture sur bois y a été, depuis des temps anciens, florissante et, comme M. de Zayas en a fait la remarque, a produit des œuvres qui comptent parmi les mieux inspirées et les plus achevées de l'art nègre.

Voilà (Pl. XXXIV) un masque puissant aux paupières en saillie, en saillie aussi la bouche, par un balancement, une symétrie, une contre-partie familiers à cet art. L'expression est humaine, vivante et la facture large, enlevée, laissant voir autour de la bouche les tailles de l'outil qui a façonné le bois.

Et voici (Pl. XXXV) un masque similaire de la même région, nous n'osons dire du même atelier, mais dont la facture est stylisée et géométrique, avec des surfaces soigneusement polies.

La question se pose de savoir quel est le plus ancien des deux et si, de même qu'en Égypte où à l'art réaliste a succédé un art plus rigide et conventionnel, l'œuvre aux lignes géométriques est un dérivé de celle, plus souple, qui lui aurait servi de modèle.

On a soutenu, au sujet du décor d'étoffes et de poteries péruviennes, que la stylisation, la conversion en lignes géométriques de la silhouette d'un poisson, d'un oiseau, d'un puma n'est intervenue que par des transformations successives.

M. de Zayas s'inscrit en faux avec vivacité à l'encontre de cette thèse, en se basant sur la mentalité des peuples primitifs qui procède du simple au complexe et non inversement — et il donne une explication curieuse des dessins géométriques des nègres et des formes sculpturales qui en dérivent : le nègre, intéressé comme l'enfant surtout par ce qui se meut, a entendu exprimer de la sorte le mouvement.

Il est évident que l'humanité primitive procède du simple au complexe. C'est ainsi que les ornements décoratifs, les enjolivements et les surcharges s'imposent presque toujours avec le temps au modèle primordial dont la sobriété et la noblesse de lignes ont cessé de plaire, ou plutôt ne correspondent plus à un ordre de choses qui s'est compliqué. D'autre part, nous avons déjà différencié, au début de cette étude, les simplifications naturelles, involontaires et instinctives que l'être primitif réalise, comme le fait l'enfant, de celles au contraire que recherchent les civilisations avancées.

Quant au mouvement symbolisé par les lignes, nous ne pouvons perdre de vue que le sauvage qui orne de dessins géométriques les surfaces planes d'une statuette, fait une opération de garnissage de même ordre que le tatouage de son propre corps et, dans cette dernière ornementation, peut-on supposer l'expression de mouvement ?

Risquerons-nous à notre tour une explication, basée sur le caractère essentiel d'utilité des arts primitifs ?

La stylisation d'un objet résulte moins en effet d'un lent processus que de nécessités pratiques. En architecture, à toute époque, en tous pays, les végétaux ont fourni des motifs décoratifs. Aurait-on pu insérer dans un monument des roses à feuilles fines et légères comme celles qu'ont réalisées, il y a une trentaine d'années, les horribles spécimens dits « en barbotine » dont la fragilité a heureusement causé la mort rapide (1) ? Il a fallu, dès l'origine, pour faire œuvre sérieuse et durable, styliser la rose et créer ainsi, sous toutes ses formes, la rosace.

En ce qui concerne plus spécialement l'art sauvage, lequel n'a guère été monumental, la stylisation d'un objet a pu être recherchée en vue de former plus sûrement et plus vite l'artisan capable de le reproduire. Il est plus facile de tracer sur une étoffe ou une poterie des points ou des lignes suivant une disposition à peu près invariable, que d'y dessiner la plus simple silhouette réaliste d'animal. L'emploi des lignes

---

(1) Les Saxe et les Sèvres n'ont été viables et ne le sont encore que pour une classe d'amateurs riche et précautionnée.

géométriques serait ainsi la plus ancienne, la première reproduction mécanique.

Pourquoi, du modèle réaliste et souple, établi par l'artiste
le mieux doué, ne serait-il pas né, peut-être à la même époque
et sous l'inspiration même du créateur de l'objet, un autre type
destiné à l'artisan ordinaire et plus aisé à reproduire, si l'on
peut dire, en série?

Mais tout cela est bien hypothétique et il nous semble
préférable d'avouer que nous n'avons pas découvert dans quelles
conditions se serait effectuée la transition du modèle réaliste au
modèle géométrique. Il faut nous borner, sans pouvoir établir la
genèse de ce dernier, à constater dans le domaine de l'Afrique,
comme dans celui de l'Océanie, le goût commun des primitifs
pour les dessins géométriques et les lignes droites sculpturales.
Ces lignes répondent à un besoin d'ordre, de régularité qui
n'est pas ignoré non plus des civilisés. Faut-il, pour le retrouver
chez ceux-ci, aller le découvrir dans le pli du pantalon et le
plissé soleil ou accordéon des jupes?

Jusqu'à nouvel ordre, ce ne sera donc pas une question de
style plus ou moins rectiligne qui nous guidera en toute
certitude pour déterminer l'antériorité d'un modèle sur un
autre. Souvent l'on pourra hésiter à préférer l'œuvre plus
humaine — et probablement antérieure — à celle plus stylisée,
ce qui ne semble pas indiquer que cette dernière soit l'ouvrage
d'un élève. L'une plaira par sa vivacité, l'autre par sa sévérité
et sa grandeur. Tout ce que l'on peut dire, c'est que les œuvres
les plus modernes ont tendance à se présenter sous une forme
et un décor plus grossièrement géométriques, avec moins de
vie et d'accent et une moindre compréhension de la valeur de
ces lignes.

D'autre part, de l'étude des objets qui ont passé entre nos mains, il nous semble résulter que les sculptures du Congo offrent plus de courbes, de rondeurs, celles de la Côte d'Ivoire et de la Guinée, plus de lignes droites, et celles du Soudan une alliance des unes et des autres qui ne diminue pas leur vigueur.

Voici, après cette longue argumentation, une troisième variante (Pl. XXXVI) du type de masque que nous venons d'étudier. Les yeux ne sont plus proéminents. Plus de vigueur exagérée, mais des recherches de délicatesse. Il n'est point de modelage plus fin, avec des dégradations plus insensibles, que celui des sourcils et du front. Et quelle habileté à choisir et à suivre les indications de la matière, le fil du bois ! Quels dons pour saisir et exprimer les moindres nuances ! Ce n'est pas de la sensualité, car rien n'est plus pur d'expression. C'est comme de la cérébralité sensorielle (1). La partie du cerveau qui serait le siège des sensations aurait peut-être chez le nègre un développement particulier, compensant d'autres infériorités et le dotant au plus haut point de moyens d'expression plastique, de sorte que l'image reflétée se traduisît en formes avec une spontanéité extraordinaire. Il nous semble relever le caractère lunaire (2)

(1) Il est difficile de faire allusion au génie artistique des nègres sans citer Gobineau. N'a-t-il pas écrit : « La source d'où les arts ont jailli est étrangère aux instincts civilisateurs. Elle est cachée dans le sang des noirs... » *Essai*, I, 16) et : « Le génie artistique, également étranger aux trois grands types, n'a surgi qu'à la suite de l'hymen des blancs avec les noirs » (*Essai*, II, 7) ? C'est dès l'ancienne Égypte et par elle que cet hymen se serait réalisé. Gobineau avait surtout en vue le goût et les dons du nègre pour la musique. C'est à propos de la musique et de la danse qu'il écrivait : « Le nègre possède au plus haut degré la faculté sensuelle sans laquelle il n'y a pas d'art possible. » L'étude de la sculpture des noirs nous a fait substituer au qualificatif « sensuel » celui de « sensoriel », plus approprié.

(2) M. Arcin signale, chez les indigènes, l'admiration, l'adoration enthousiaste de la lune.

plus encore dans ce dernier exemplaire où le menton s'effile que dans les deux autres dont le front se termine en involution cornue. C'est une sorte d'interprétation simultanée de la figure pleine et du croissant de la lune.

L'art de la *Guinée* rivalise avec celui de la Côte d'Ivoire par le style de ses modèles et le fini de leur exécution. C'est l'extrême ouest africain et il semblerait que, comme à l'extrémité occidentale de l'Europe, l'art se soit affiné sans perdre de sa grandeur. Ile-de-France africaine, classique. — nous parlons surtout de la Guinée française, la plus vaste et dont le travail est le mieux connu de nous. Une des vitrines du musée d'ethnographie du Trocadéro consacrées à cette colonie renferme plusieurs impressionnants spécimens d'amples masques à cornes de cynocéphales fabuleux. Là, ce n'est point la finesse, mais la grandeur archaïque qui nous surprend.

Le fétiche masculin (Pl. XXXVII) est déjà, pour une œuvre sculptée africaine. de belle dimension, plus d'un demi-mètre de hauteur. Le geste des bras, à peine détachés du buste, reste à moitié archaïque, sans cependant que les lignes droites du corps et des membres impliquent, malgré leur importance, de raideurs exagérées. Le dessin de la poitrine rappelle quelque peu les méplats et les lignes de certains antiques grecs. La coiffure savante, compliquée, se termine sur la nuque par le catogan régional typique. Mais la face, soigneusement polie, d'expression hiératique sereine. évoque, avec la barbiche finement tressée, l'influence égyptienne et. de loin, la grande figure du roi Khafra. Nombreuses scarifications habituelles au cou, sur le ventre et les hanches et, en croix diagonale, sur le thorax, — ornementation, en somme, des surfaces hautes ou larges.

Un autre fétiche guinéen, idole féminine (Pl. XXXVIII), accuse des formes arrondies. La stylisation n'apparaît guère que dans les traits du visage et le collier de Vénus, accentué au delà de ce que présentent certaines figures d'Extrême-Orient. Deux scarifications aux pommettes, mouches symétriques un peu trop apparentes, font penser aux coquetteries du xviiie siècle. La pose des mains sur le ventre est amusante, de même que l'expression boudeuse du visage, plus bestiale que celle du fétiche masculin de la planche précédente. Souvent, d'ailleurs, le fétiche mâle marque plus de noblesse que son congénère féminin. N'exprime-t-il pas le culte solaire, tandis que l'idole femelle personnifie la partie inférieure et terrestre de l'univers?

Le goût des coiffures compliquées que les populations noires possèdent, en même temps qu'elles le prêtent à leurs dieux, a donné naissance à des petits oreillers de bois qui permettent, au prix sans doute de quelque torticolis, de ne point renouveler après chaque nuit le patient échafaudage capillaire. Il en est d'ingénieusement imaginés et d'un joli travail. Une collection de ces petits objets serait intéressante, grâce à la variété des spécimens, plus grande que celle des modèles de sièges dont le support le plus usité est la cariatide.

La région des *Rivières du Sud*, côte de la Guinée française, nous fournira un fétiche (Pl. XXXIX) qui, sans ressembler aucunement à celui de l'Ogooué, s'écarte au moins autant de la forme humaine. C'est, au musée d'ethnographie du Trocadéro, la célèbre idole de la maternité, figure étrangement géométrique, s'il en fut, buste aux gourdes plates qu'encercle une pèlerine de fibres. Est-ce le totem de l'oiseau féminisé, la poule couveuse? Si bizarre que soit le concept et si éloigné d'une mentalité européenne, l'expression plastique est singulièrement puissante. Le musée ethnographique est riche en exemplaires de moindre dimension, il est vrai, et de moins beau style, mais qui révèlent le corps entier de cette idole, c'est-à-dire, sous les seins tombants, le ventre saillant au-dessus des courtes jambes. Leur face qui avance et surplombe, d'autant plus proéminente qu'elle est plus amincie, est supportée par le mouvement vertical des bras.

Nulle part, en Afrique, croyons-nous, on ne retrouvera ce renversement des proportions du visage, qui lui fait gagner en profondeur ce qu'il perd en largeur. Mais ce dispositif nous ramène au fétiche de la Nouvelle-Guinée, dont la tête proémine également au point d'être soutenue, pour l'équilibre, par un appui. Et un rapprochement s'impose à notre esprit entre la Guinée africaine et la Nouvelle-Guinée océanienne, peuplée d'un essaim nègre. Faut-il voir une marque d'une lointaine origine commune dans cette tradition — d'ailleurs déformée? Aux antipodes l'une de l'autre, ces deux peuplades seraient-elles plus proches qu'elles ne le sont de leurs voisines du même hémisphère?

La planche XL permet de juger de l'art du *Soudan* sur une pièce importante, typique en ce qui concerne la région et synthétique de l'art nègre. Tout s'y rencontre : décision de l'exécution, plénitude des volumes, lignes géométriques sculpturales et dessins géométriques des surfaces susceptibles d'être garnies, dessins qui peuvent être, pour une part, des indications plastiques, les trois lignes du cou, par exemple, pour le collier de Vénus — et les traits serrés, pour le plissement de la peau au départ des seins. Mais l'étonnant visage dont le nez lilliputien est percé pour l'anneau et dont la bouche est placée à l'arête du menton ! La force principale de cette figure réside dans la double ligne si marquée des épaules et des bras, dans l'ample méplat du dos, également garni de dessins géométriques. La largeur du buste à la ligne des épaules et l'amincissement progressif de la taille si longue évoque le canon égyptien, mais l'épaule est moins en porte-manteau et cependant la puissance exprimée semble plus grande encore.

L'art nègre n'a pas reproduit l'objet petitement, en copiste minutieux, mais l'a recréé. Ou plutôt, la vision, comme toujours, s'est transformée en passant par le cerveau de l'artiste, véritable dynamo sensorielle. La surprise que nous cause le résultat, la création, est en proportion de la puissance du transformateur. Faut-il aller jusqu'à dire que plus la réalisation s'écarte de l'objet concret, plus la force d'art créatrice a été grande, plus la projection a été puissante ? Si bizarre et déplaisant que puisse paraître à certains l'objet ainsi créé à nouveau, recréé, il est impossible de nier que l'on se trouve en présence d'une œuvre qui se tient, qui existe. Rien d'hybride, comme dans les compositions trop volontairement originales de certains modernes. Ici, de toute évidence, l'originalité n'a pas été cherchée, mais la tradition. La nature a été vue à travers le tempérament, non d'un artiste individuel, mais d'une race. D'où la force considérable incluse.

Dans l'art auquel nous sommes habitués, de l'Hercule antique aux figures de Michel-Ange, la vigueur des membres est exprimée par l'exagération anatomique des muscles. Les arts primitifs ont été plus sobres. Leur réalisme a transposé davantage, a été plus profond, sans que l'expression fût moins claire. La force a été rendue moins par des détails que par la signification des lignes, par l'ensemble. L'art égyptien en donne l'exemple. On y trouve de grands volumes, des lignes et des plans d'une finesse et d'une souplesse admirables, mais pas de modelé mesquin qui les rompe (1).

L'art nègre a porté au plus haut degré l'emploi des transpositions. L'instinct et la tradition, s'étayant l'un l'autre, ont servi de guide pour les sacrifices nécessaires et les transpositions compensatrices.

Déjà, dans l'étude de l'art océanien, à propos de l'idole des îles Nicobar, nous avons noté ce qu'un bras d'une seule venue, sans détail musculaire distrayant de l'effet cherché, peut comporter d'intensité d'expression. Notre fétiche du Soudan suggère une observation de même ordre : la constatation de la vigueur exceptionnelle que confèrent de simples lignes, sans qu'aucune indication des muscles du bras puisse être relevée.

C'est qu'il y a en art — et c'est même tout l'art — une vérité et une réalité supérieures à la représentation pure et simple de l'objet. Certains modes d'expression rendent mieux l'objet en soi et sa réalité profonde que s'ils reproduisaient seulement sa vaine apparence. C'est un truisme que de constater cet effort intérieur de création, non seulement chez les primitifs, mais aussi chez les grands modernes tels que Daumier et Cézanne.

(1) Nous avons été ramenés plusieurs fois, au cours de cette étude, à l'Egypte, limitrophe des pays nègres. D'aucuns, considérant comme ésotériques les principes de l'art des nègres, ont émis l'hypothèse d'un héritage des Atlantes, les grands initiés. De là, l'énoncé que l'art des Noirs a pu précéder et influencer celui de l'Egypte. Guillaume Apollinaire, dans une notoire préface, a mentionné la thèse de cette influence, sans prendre expressément position ; mais c'est déjà beaucoup que cette question ait pu être posée. Sans prétendre la résoudre et après avoir noté certaines affinités, il convient de reconnaître dans l'art nègre un lyrisme qu'il semble bien qu'on ne rencontre pas dans l'art réaliste, le plus admirable qui fut jamais, des premières dynasties égyptiennes, non plus que dans les stylisations qui suivirent jusqu'à la décadence.

Le Soudan, centre des pays nègres, a été, nous l'avons dit, le siège des deux grands empires médiévaux de Ghana et de Melli, dont le premier remonte jusqu'au iii* siècle de l'ère chrétienne. C'est au cœur de cette vaste région, dans la large boucle du Niger, qu'ils ont fleuri, succédant à des civilisations ou à des groupements considérables qui remonteraient eux-mêmes à la fin de l'époque quaternaire, car le néolithique africain est supposé d'aussi ancienne date que le paléolithique européen. Le Niger a été pour les Noirs ce que le Nil a été pour les Égyptiens. Ses crues annuelles, son cours traversant et fertilisant une immense région ont, depuis la plus haute antiquité, fait rechercher et disputer la possession de ses rives, de ses lacs, de ses lagunes, de ses affluents et de l'immense terrasse que délimite sa boucle. « C'est le grand pays du riz, « dit un récent explorateur (1). En amont comme en aval de « Gaô, la contrée ne forme qu'une vaste rizière de plusieurs « centaines de kilomètres d'étendue... le riz de Gaô vaut les « belles qualités d'Asie... Les Noirs se contentent d'ensemencer « à la volée et laissent ensuite, bien tranquillement, travailler la « nature, laquelle accomplit les immersions indispensables au « riz par la crue lente du fleuve. »

Sans doute est-ce en cette vaste région qu'il reste le plus de découvertes à faire dans les domaines historique et préhistorique. L'ouvrage du lieutenant Desplagnes, *Le Plateau nigérien*, contient un assez grand nombre de photographies de villes et d'habitations construites par des tribus non converties à l'islamisme, mais restées fétichistes — et ces reproductions de maisons édifiées en briques ou en pisé révèlent une architecture

(1) DUBOIS (F.). *Notre beau Niger*, 1911, p. 41.

qui présente, sans vain détail rapporté, un aspect en quelque sorte monolithique(1) d'un haut intérêt. Il semble que l'on ait trop cantonné jusqu'ici les tribus fétichistes dans leurs huttes de branchages. Mais notre documentation est insuffisante pour nous permettre l'examen de cette architecture, qui devrait faire l'objet d'une étude sur place(2).

Nous nous serons bornés, pour le présent, à l'étude des bois ouvrés ou sculptés. Cependant il existe un certain nombre de pièces, soit en pierre, soit en ivoire, généralement archaïques et de faible dimension. Une vitrine du musée du Trocadéro renferme quelques spécimens de ces pierres sculptées. Quant aux ivoires, leur mérite consiste surtout en leur ancienneté, en leur rareté. Leur façonnage, comme il en est des netzkés japonais, ne diffère guère de celui des bois sculptés de même époque. Mentionnons également, si rapidement que soient passés en revue les objets usuels, les chasse-mouches, assez rares, pièces de chefs, parfois tout en bois sobrement et finement sculpté et dont le manche, délicate figurine, a souvent seul survécu.

Enfin, la série des poids en cuivre coulés à cire perdue mériterait plus qu'un bref aperçu et le musée du Trocadéro, grâce à la vitrine consacrée à des spécimens fort variés provenant de la Côte d'Ivoire, rendrait amusant et facile un relevé complet, avec reproductions choisies de ces modèles d'un art

(1) Cet aspect tout d'une pièce et ce grand caractère pourront résulter, dans notre civilisation, de l'emploi utilitaire et judicieux du ciment armé.

(2) Les avions de guerre industrialisés vont mettre bientôt, espérons-le, la boucle du Niger à deux ou trois jours de Paris.

mineur, mais **délicieux**. La diversité des sujets traités est plus grande que dans les ouvrages de bois.

En parlant de l'art océanien, nous avons attribué une partie de la fermeté et de la décision des sculptures à la nécessité où s'est trouvé l'artiste indigène d'attaquer directement le bois, sans pouvoir recourir à la terre, facile à modeler, qui rend aisée toute retouche et énerve ainsi l'aptitude manuelle aux réussites délibérées. Nous maintenons intégralement pour l'art nègre cette observation qui s'applique avec une égale vérité à la facture de ses bois sculptés. Et cependant, voici de petits ouvrages dont les artisans ont manié la cire avec une exécution aussi enlevée que celle dont font montre les ouvrages de bois. N'est-ce pas déconcertant ? Comme il faut être modeste et prudent lorsqu'on s'efforce de tirer des conséquences, de dégager des conclusions !

Approchons-nous de la vitrine et regardons, comme des enfants, ces jouets de poupées. Voici des poissons, des antilopes moutonnières à longues cornes, des scorpions qui tordent leur dard, des autruches, des coqs et des poules, des caïmans. Et puis, des objets ou des armes : couteaux, cimeterres, des masques, des fétiches, diminutifs des sculptures sur bois de notre connaissance, aussi fermes dans leur taille amenuisée que les grands modèles, moins bibelots que les netzkés. Enfin, voici des groupes, inconnus de nous jusqu'ici, entr'autres, quatre hérons en conciliabule, qui se dressent en diagonale aux angles d'un court plateau carré et, frottant presque leurs quatre longs becs, semblent doués de la parole. Les fabricants de jouets à court d'inspiration et en quête de modèles nouveaux n'ont qu'à stationner quelque peu devant cette inépuisable petite collection.

Arrêtons-nous. Non pas que nous soyons à bout de mots et d'images, mais nous avons assez dit et fait voir pour nous résumer. L'art polynésien et l'art nègre sont des arts de musée. Non qu'ils soient froids et figés, le dernier surtout, mais parce qu'ils ont (pardon encore!) la valeur d'un enseignement et qu'ils sont morts, comme les arts d'Asie — Perse, Inde, Chine, Japon — au contact des Européens, leurs supports étant brisés. Peut-être s'agit-il simplement d'une coïncidence et leurs jours étaient-ils comptés? Mais, si les arts d'Extrême-Orient sont susceptibles de revivre sous une autre forme, l'art polynésien est mort à jamais, puisqu'il n'y a plus guère d'indigènes en ces îles bienheureuses. « Aucune race de la Polynésie ou de « la Mélanésie ne survivra pour peser sur les destinées de « l'Océan Pacifique. La nature fut cruellement bonne pour les « populations canaques dans le temps passé, et maintenant il « leur faut payer les frais de leur béatitude(1). »

Quant à l'art nègre, les minstrels et les jazz-bands nous montrent ce qu'on en peut attendre : de l'adresse, de la virtuosité, sans cette force intérieure profonde que nous avons reconnue.

Les arts collectifs se sont transformés. L'ingéniosité et le génie humains, qui n'ont pas diminué, traceront quelques admirables machines nouvelles, après la locomotive géante, l'auto puissante et douce, silencieuse, les grands navires, l'avion, dernier venu — et c'est dans ce nouveau domaine utilitaire que naîtront désormais les merveilles d'art collectif.

Au musée, dans la travée à laquelle ils ont droit près des arts exotiques de haute époque, s'apercevront de loin les

(1) Fox, *Problems of the Pacific*, p. 142, London, 1912.

puissantes lignes, les larges plans des curieux ouvrages que nous avons passés en revue. Témoignages d'âges révolus, leur force secrète leur permettra sans doute d'affronter le redoutable voisinage des primitifs d'Extrême-Orient. Pour les comprendre, il suffira d'accepter leur parti pris, d'aborder leur étude comme celle d'une langue étrangère et de se familiariser avec elle.

SUPPORT DE FÉTICHE (CONGO BELGE)

TABLE DES ILLUSTRATIONS [1]

FIGURES DANS LE TEXTE

COUVERTURE EN COULEUR : Reproduction d'un tapa océanien.
— *Collection Rupalley.*

PLANCHES HORS TEXTE

OCÉANIE

[1] Toutes les pièces reproduites sont en bois sculpté, sauf indication contraire.

TABLE DES MATIÈRES

Éléphant du Cassaï.

PLANCHES

Malaisie

Iles Nicobar

ILES SANDWICH

NOUVELLE-GUINÉE

NOUVELLE-GUINÉE

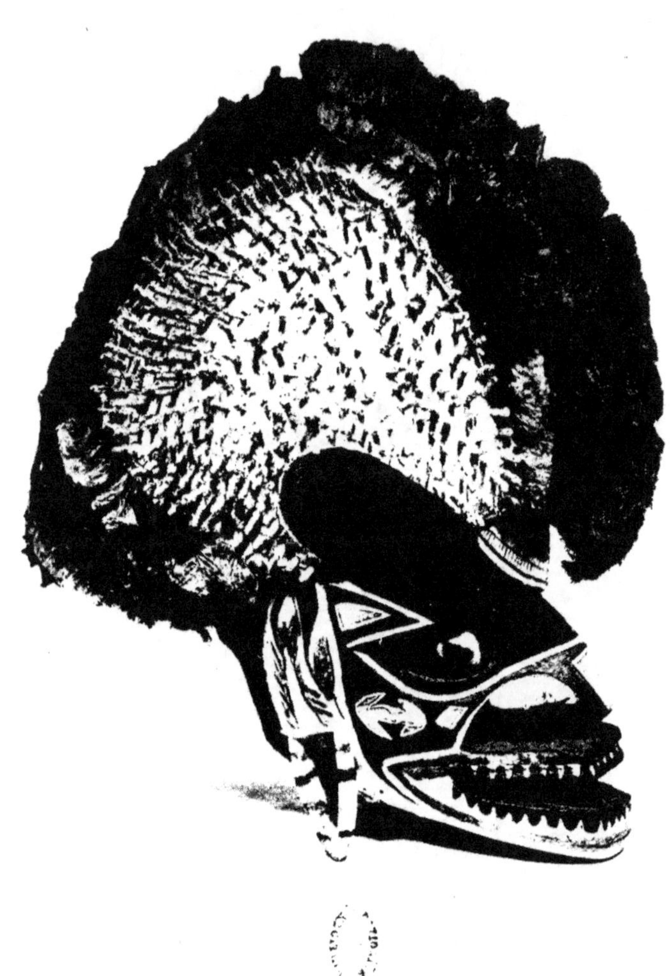

NEW-IRELAND

Nouvelle-Calédonie

NOUVELLE-CALÉDONIE

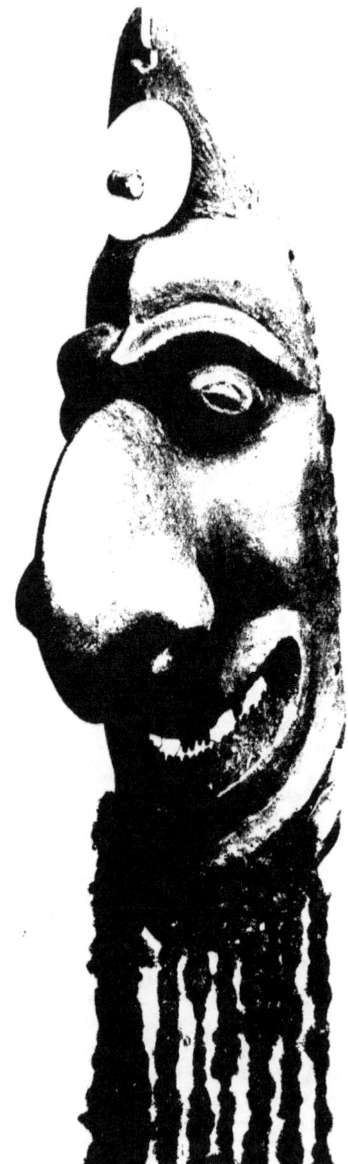

Nouvelle-Calédonie

Nouvelle-Calédonie

NOUVELLES HÉBRIDES

Iles Marquises

Iles Marquises

Iles Marquises

ILE DE PAQUES

Ile de Paques

CÔTE D'IVOIRE

Loango

Côte d'Ivoire

Côte d'Ivoire

Pays pahouin(?)

Côte d'Ivoire

Côte d'Ivoire

BÉNIN

Bénin

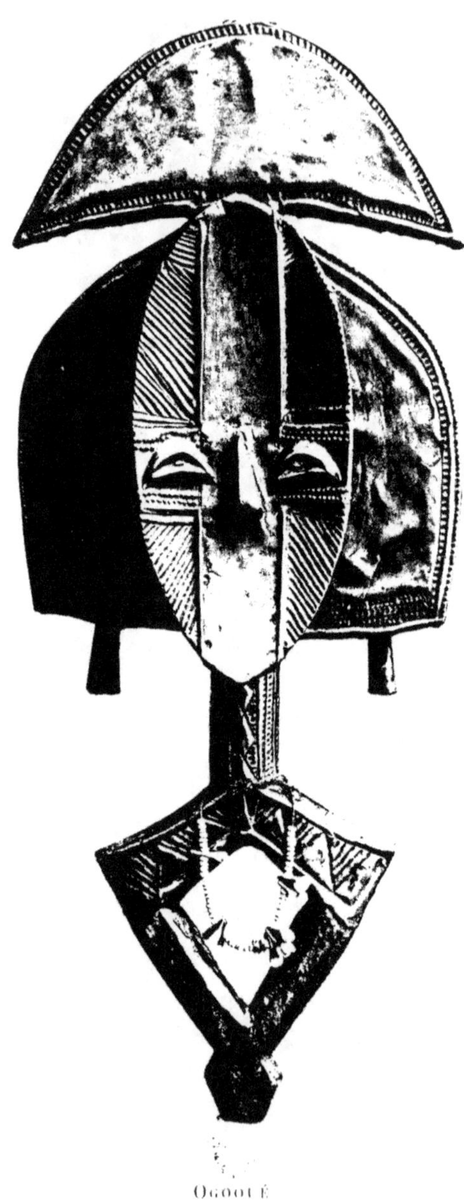

Ogooué

4

Dahomey

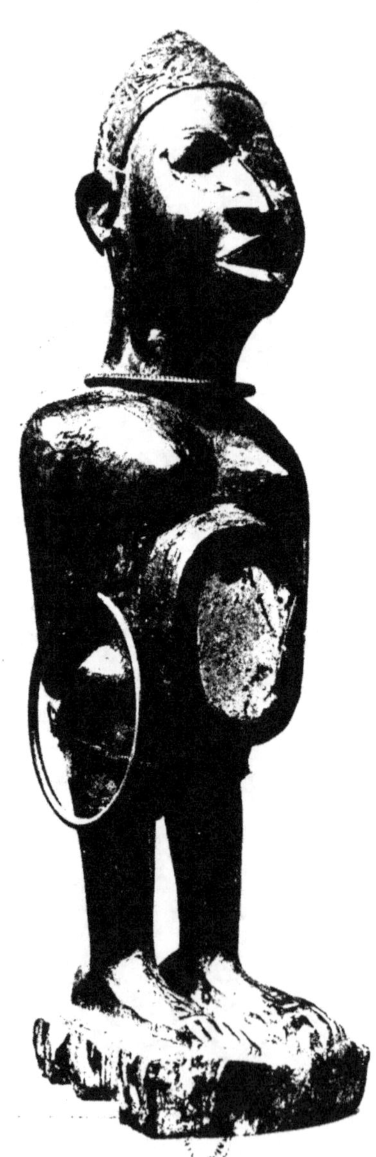

Congo

CONGO

Congo

CONGO

HAUT NIGER

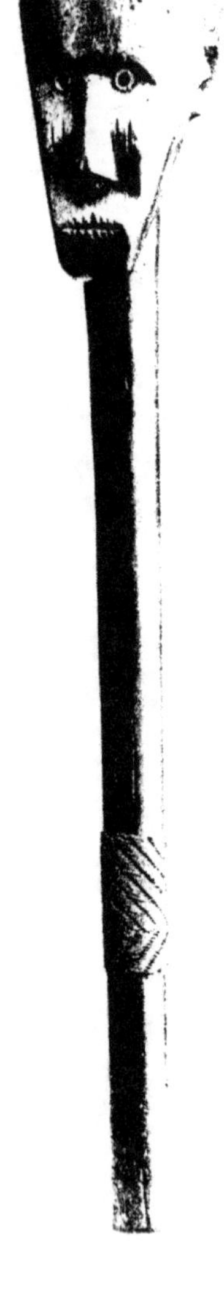

Soudan　　　　　　　　　　　　Congo

Pays pahouin

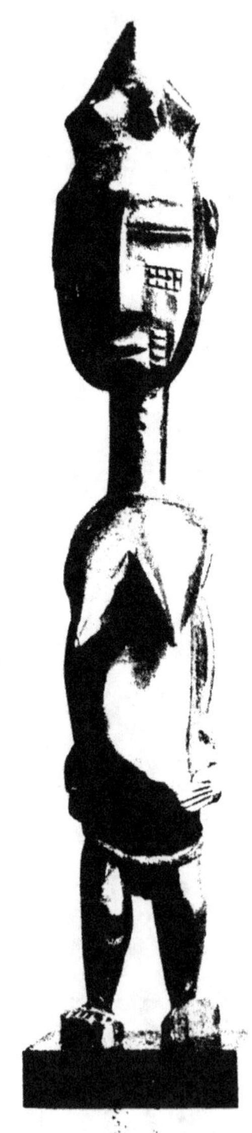

GABON (?)

Côte d'Ivoire

Côte d'Ivoire

Côte d'Ivoire

GUINÉE

Guinée

Rivières du Sud

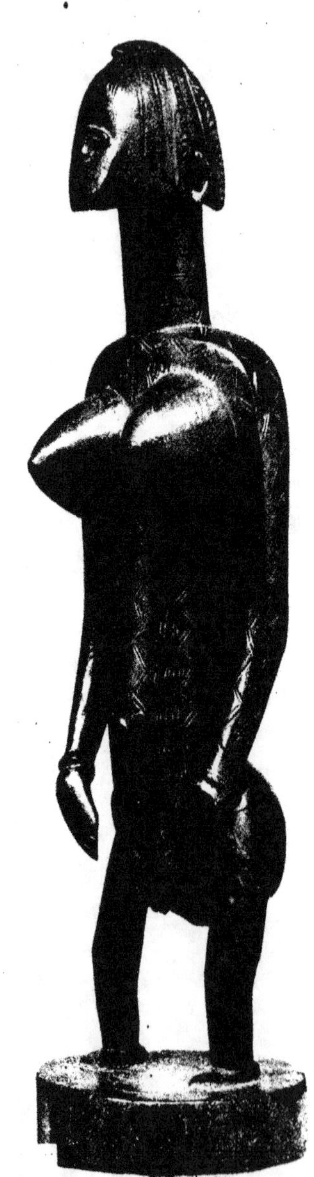

SOUDAN

ACHEVÉ D'IMPRIMER
PAR
DEVAMBEZ
IMPRIMEUR
PARIS
NOVEMBRE 1919